SPANISH SHORT STORIES
VOLUME 2

CUENTOS HISPÁNICOS
TOMO 2

Edited by Gudie Lawaetz

Penguin Books

PENGUIN BOOKS

Published by the Penguin Group
Penguin Books Ltd, 27 Wrights Lane, London W8 5TZ, England
Penguin Putnam Inc., 375 Hudson Street, New York, New York 10014, USA
Penguin Books Australia Ltd, Ringwood, Victoria, Australia
Penguin Books Canada Ltd, 10 Alcorn Avenue, Toronto, Ontario, Canada M4V 3B2
Penguin Books (NZ) Ltd, Private Bag 102902, NSMC, Auckland, New Zealand

Penguin Books Ltd, Registered Offices: Harmondsworth, Middlesex, England

First published 1972
10

Copyright © Penguin Books, 1972
All rights reserved

Printed in England by Clays Ltd, St Ives plc
Set in Monotype Plantin

CONTENTS

INTRODUCTION

This collection of short stories is intended not only to help students of Spanish expand their knowledge of the language, but also to whet their appetites for more of the varied and engrossing literature of Spain and Latin America – in Spanish or in English – of which this book is a sampler.

Of course a slender volume of eight stories cannot claim to be an anthology. If literary merit were the only criterion, this book would have to be many times its present size. So the choice of stories is bound to be a bit arbitrary and open to challenge on a variety of grounds. Let me therefore say something about the reasons why I have chosen this particular list of eight.

Personal taste comes into it, of course. But my main concern has been to put together a mosaic which will give the reader some idea of the diversity of life in the world which speaks Spanish, through the eyes of some of its most gifted writers.

The sequence in which the stories of this volume have been arranged is intended to help bring out the contrasting features of this world, as well as to show differences in the authors' style and approach. For instance, I have deliberately followed up the Mexican story of a simple man struggling for mere survival only to be suddenly caught in a bloody power struggle with a vision of stark peasant attitudes in post-revolutionary Cuba ('El costo de la vida' by Carlos Fuentes, and the two short stories by Norberto Fuentes). Similarly, I have set the straightforward narrative style of Jorge Edwards against the experimental and very modern manner of Mario Vargas Llosa. If I have included a chapter of Vargas Llosa's latest novel, it is because I feel that with Jorge Luis Borges and Julio Cortázar he is at present one of the most accomplished stylists in the Spanish language. The only short stories he has written, at the very beginning of his writing career, are both atypical and unremarkable.

7

INTRODUCTION

A word of caution about the Spanish language itself. Strictly speaking, there is no such thing. The differences between the *castellano* spoken in most parts of Spain and that of Latin America are at least as great as those between American and British English. In addition, while the United States have evolved as one nation with a common history, the countries of Latin America have been entirely separate from each other since the early nineteenth century. This has had its effect on the spoken language. What is more, while Argentina, for example, has incorporated many idioms of Italian origin into common usage thanks to large-scale Italian immigration, Peruvians among others have taken many expressions of Andean Indian origin into their Spanish. So do not be surprised when certain words which occur in this book prove unintelligible outside the particular story's country of origin. The explanatory notes should deal with any difficulty a medium-sized Spanish–English dictionary cannot be expected to solve.

Finally, I would like to thank the authors and their publishers for permission to use the various stories and the translators for the way in which they have coped with a difficult task. Many thanks also to Carlos Barral and Jaime Salinas, who have done more than any other publishers in recent years to boost Spanish and Latin American contemporary literature, for their initial guidance.

GUDIE LAWAETZ, 1971

THE MAN WHO REPENTED

ANA MARÍA MATUTE

Translated by Philomena Ulyatt

EL ARREPENTIDO

El café era estrecho y oscuro. La fachada principal daba a la carretera y la posterior a la playa. La puerta que se abría a la playa estaba cubierta por una cortina de cañuelas, bamboleada por la brisa. A cada impulso sonaba un diminuto crujido, como de un pequeño entrechocar de huesos.

Tomeu el Viejo estaba sentado en el quicio de la puerta. Entre las manos acariciaba lentamente una petaca de cuero negro, muy gastada. Miraba hacia más allá de la arena, hacia la bahía. Se oía el ruido del motor de una barcaza y el coletazo de las olas contra las rocas. Una lancha vieja, cubierta por una lona, se mecía blandamente, amarrada a la playa.

– Así que es eso – dijo Tomeu, pensativo. Sus palabras eran lentas y parecían caer delante de él, como piedras. Levantó los ojos y miró a Ruti.

Ruti era un hombre joven, delgado y con gafas. Tenía ojos azules, inocentes, tras los cristales.

– Así es – contestó. Y miró al suelo.

Tomeu escarbó en el fondo de la petaca, con sus dedos anchos y oscuros. Aplastó una brizna de tabaco entre las yemas de los dedos y de nuevo habló, mirando hacia el mar:

– ¿Cuánto tiempo me das?

Ruti carraspeó:

– No sé . . . a ciencia cierta, no puede decirse así. Vamos: quiero decir, no es infalible.

– Vamos, Ruti. Ya me conoces: dilo.

Ruti se puso encarnado. Parecía que le temblaban los labios.

– Un mes . . . , acaso dos . . .

– Está bien, Ruti. Te lo agradezco, ¿sabes? . . . Sí; te lo agradezco mucho. Es mejor así.

Ruti guardó silencio.

– Ruti – dijo Tomeu –. Quiero decirte algo: ya sé que

The café was dark and pokey. The front overlooked the road and the rear the beach. The door leading to the beach was hung with a reed curtain swaying in the breeze. With every gust of wind it crackled a little like a slight rattle of bones.

Old Tomeu was sitting on the doorstep, leisurely stroking a well-worn tobacco pouch of black leather. He was gazing beyond the sands and out over the bay. The engine of a lighter could be heard and the slap of waves against the rocks. An old launch covered with canvas rocked gently to and fro, tied up to the beach.

'So that's it,' said Tomeu thoughtfully. His words came slowly and seemed to fall like stones to the ground in front of him. He raised his eyes and looked at Ruti.

Ruti was a thin young man with spectacles. His eyes shone blue and innocent behind his glasses.

'That's it,' he replied. And he lowered his gaze.

Tomeu fumbled in the bottom of the pouch with his thick brown fingers. He rubbed a scrap of tobacco between his fingertips and spoke again, still looking out to sea:

'How long do you give me?'

Ruti's voice was hoarse:

'I don't know . . . I'm not sure. You can't be sure like that. Look here: I mean, it's not bound to happen.'

'Come on, Ruti. You know me: out with it.'

Ruti turned scarlet. It looked as though his lips were trembling.

'A month . . . maybe two . . .'

'Fair enough, Ruti. I'm grateful to you, you know . . . Yes, I'm very grateful to you. It's better that way.'

Ruti kept quiet.

'Ruti,' said Tomeu, 'I want to tell you something: I know

eres escrupuloso, pero quiero decirte algo, Ruti. Yo tengo más dinero del que la gente se figura: ya ves, un pobre hombre, un antiguo pescador, dueño de un cafetucho de camino... Pero yo tengo dinero, Ruti. Tengo mucho dinero.

Ruti pareció incómodo. El color rosado de sus mejillas se intensificó:

– Pero, tío..., yo... ¡no sé por qué me dice esto!

– Tú eres mi único pariente, Ruti – repitió el viejo, mirando ensoñadoramente al mar –. Te he querido mucho.

Ruti pareció conmovido.

– Bien lo sé – dijo –. Bien me lo ha demostrado siempre.

– Volviendo a lo de antes: tengo mucho dinero, Ruti. ¿Sabes? No siempre las cosas son como parecen.

Ruti sonrió. (*Acaso quiere hablarme de sus historias de contrabando. ¿Creerá acaso que no lo sé? ¿Se figura, acaso, que no lo sabe todo el mundo? ¡Tomeu el Viejo! ¡Bastante conocido, en ciertos ambientes! ¿Cómo hubiera podido costearme la carrera de no ser así?*) Ruti sonrió con melancolía. Le puso una mano en el hombro:

– Por favor, tío... No hablemos de esto. No, por favor ... Además, ya he dicho: puedo equivocarme. Sí: es fácil equivocarse. Nunca se sabe...

Tomeu se levantó bruscamente. La cálida brisa le agitaba los mechones grises:

– Entra, Ruti. Vamos a tomar una copa juntos.

Apartó con la mano las cañuelas de la cortinilla y Ruti pasó delante de él. El café estaba vacío a aquella hora. Dos moscas se perseguían, con gran zumbido. Tomeu pasó detrás del mostrador y llenó dos copas de coñac. Le ofreció una:

– Bebe, hijo.

Nunca antes le llamó hijo. Ruti parpadeó y dio un sorbito.

– Estoy arrepentido – dijo el viejo, de pronto.

Ruti le miró fijamente.

you have your scruples, but I want to tell you something, Ruti. I have more money than people think: you know, a poor man, a retired fisherman, proprietor of a little roadside café . . . But I've got money, Ruti. I've got lots of money.'

Ruti looked embarrassed. His pink cheeks were getting pinker.

'But uncle . . . I . . . I don't know why you are telling me all this!'

'You are my only relation, Ruti,' repeated the old man, gazing dreamily at the sea. 'I've always been very fond of you.'

Ruti seemed moved by this.

'I know that very well,' he said. 'You've always proved it.'

'Getting back to what I was saying: I have lots of money, Ruti. Things aren't always what they seem, you know.'

Ruti smiled. (*Perhaps he is going to tell me about his smuggling days. Can he possibly think I don't know about it? Perhaps he imagines that everybody doesn't know it? Old Tomeu! Quite well known in certain circles! How else could he have paid for my training?*) Ruti smiled sadly and put his hand on the old man's shoulder.

'Please, uncle . . . Let's not talk about it. Don't, please . . . Besides, as I said: I could be wrong. Yes, it's easy to make a mistake. You never know . . .'

Tomeu stood up abruptly. The warm breeze ruffled his mop of grey hair.

'Come inside, Ruti. Let's have a drink together.'

He drew aside the strands of the reed curtain and Ruti went in ahead of him. The café was empty at that time of day. Two flies buzzed noisily in mutual pursuit. Tomeu went behind the bar and filled two glasses with brandy. He passed one across:

'Drink, son.'

Never before had he called him son. Ruti blinked and took a sip.

'I've repented,' said the old man suddenly.

Ruti stared at him.

– Sí – repitió –, estoy arrepentido.

– No le entiendo, tío.

– Quiero decir: mi dinero, no es un dinero limpio. No, no lo es.

Bebió su copa de un sorbo, y se limpió los labios con el revés de la mano.

– Nada me ha dado más alegría: haberte hecho lo que eres, un buen médico.

– Nunca lo olvidaré – dijo Ruti, con voz temblorosa. Miraba al suelo otra vez, indeciso.

– No bajes los ojos, Ruti. No me gusta que desvíen la mirada cuando yo hablo. Sí, Ruti: estoy contento por eso. ¿Y sabes por qué?

Ruti guardó silencio.

– Porque gracias a ello tú me has avisado de la muerte. Tú has podido reconocerme, oír mis quejas, mis dolores, mis temores ... Y decirme, por fin: *acaso un mes, o dos*. Sí, Ruti: estoy contento, muy contento.

– Por favor, tío. Se lo ruego. No hable así ..., todo esto es doloroso. Olvidémoslo.

– No, no hay por qué olvidarlo. Tú me has avisado y estoy tranquilo. Sí, Ruti: tú no sabes cuánto bien me has hecho.

Ruti apretó la copa entre los dedos y luego la apuró, también de un trago.

– Tú me conoces bien, Ruti. Tú me conoces muy bien.

Ruti sonrió pálidamente.

El día pasó como otro cualquiera. A eso de las ocho, cuando volvían los obreros del cemento, el café se llenó. El viejo Tomeu se portó como todos los días, como si no quisiera amargar las vacaciones de Ruti, con su flamante título recién estrenado. Ruti parecía titubeante, triste. Más de una vez vio que le miraba en silencio.

El día siguiente transcurrió, también, sin novedad. No se volvió a hablar del asunto entre ellos dos. Tomeu

'Yes,' he repeated, 'I've repented.'

'I don't understand, uncle.'

'My money, I mean. It's not honestly come by. No, that it isn't.'

He downed his brandy in one gulp and wiped his mouth with the back of his hand.

'Nothing has given me more satisfaction than to have made you what you are, a good doctor.'

'I shall never forget that,' said Ruti in a faltering voice. He looked down at the floor again uncertainly.

'Don't look down, Ruti. I don't like people looking away while I'm talking. Yes, Ruti: I'm pleased. And do you know why?'

Ruti kept silent.

'Because thanks to your training you've been able to warn me of approaching death. You've been able to examine me, listen to my complaints, my pains, my fears . . . and finally to tell me: *perhaps one month, or two.* Yes, Ruti: I'm pleased, very pleased.'

'For goodness' sake, uncle. I beg you. Don't talk like that . . . it's all so distressing. Let's forget about it.'

'No, there's no reason why we should forget about it. You have warned me and I'm easy in my mind. Honestly, Ruti, you have no idea how much good you've done me.'

Ruti held his glass tightly and then he also drained it at one go.

'You know what I'm like, Ruti. You know very well what I'm like.'

Ruti smiled wanly.

The rest of that day passed like any other. Around eight o'clock the café filled up with the men coming back from the cement works. Old Tomeu carried on as usual, as though he didn't want to spoil Ruti's holidays, his very first since graduation. Ruti seemed ill at ease, gloomy. More than once he saw the other looking at him in silence.

The following day, too, passed without incident. Neither of

más bien parecía alegre. Ruti, en cambio, serio y preocupado.

Pasaron dos días más. Un gran calor se extendía sobre la isla. Ruti daba paseos en barca, bordeando la costa. Su mirada azul, pensativa, vagaba por el ancho cielo. El calor pegajoso le humedecía la camisa, adhiriéndosela al cuerpo. Regresaba pálido, callado. Miraba a Tomeu y respondía brevemente a sus preguntas.

Al tercer día, por la mañana, Tomeu entró en el cuarto de su sobrino y ahijado. El muchacho estaba despierto.

– Ruti – dijo suavemente.

Ruti echó mano de sus gafas, apresuradamente. Su mano temblaba:

– ¿Qué hay, tío?

Tomeu sonrió.

– Nada – dijo –. Salgo, ¿sabes? Quizá tarde algo. No te impacientes.

Ruti palideció:

– Está bien – dijo. Y se echó hacia atrás, sobre la almohada.

– Las gafas, Ruti – dijo Tomeu –. No las rompas.

Ruti se las quitó despacio y se quedó mirando al techo. Por la pequeña ventana entraban el aire caliente y el ruido de las olas.

Era ya mediodía cuando bajó al café. La puerta que daba a la carretera estaba cerrada. Por lo visto su tío no tenía intención de atender a la clientela.

Ruti se sirvió café. Luego, salió atrás, a la playa. La barca amarrada se balanceaba lentamente.

A eso de las dos vinieron a avisarle. Tomeu se había pegado un tiro, en el camino de la Tura. Debió de hacerlo cuando salió, a primera hora de la mañana.

Ruti se mostró muy abatido. Estaba pálido y parecía más miope que nunca.

them brought the matter up again. Tomeu seemed gay even. Ruti on the other hand looked grave and worried.

Two more days went by. An intense heat smothered the island. Ruti went out boating along the coast. His pensive blue gaze strayed over the wide sky. The sticky heat made his shirt damp, so that it clung to his body. On his return he was pale and silent. He kept on watching old Tomeu and replied curtly to his questions.

On the third day in the morning, Tomeu went into the bedroom of his nephew and godchild. The young man was lying awake.

'Ruti,' he called out softly.

Ruti groped hastily for his spectacles. His hand was trembling:

'What is it, Uncle?'

Tomeu smiled.

'Nothing,' he said. 'I'm going out, you see. I might be some while. Don't get impatient.'

Ruti turned pale.

'All right,' he said. And he sank back on his pillow.

'Your glasses, Ruti,' said Tomeu. 'Mind you don't break them.'

Ruti took them off slowly and lay gazing up at the ceiling. The hot breeze and the sound of the waves came in through the small window.

It was midday already when he went downstairs to the café. The door to the road was locked as if his uncle had no intention of serving any customers.

Ruti helped himself to some coffee. Then he went out of the back door to the beach. The boat was rocking gently to and fro at its moorings.

At about two o'clock they came with the news. Tomeu had shot himself on the road to Tura. He must have done it when he went out first thing that morning.

Ruti gave the impression of being extremely downcast. He was pale and seemed more shortsighted than ever.

– ¿Sabe usted de alguna razón que llevara a su tío a hacer esto?

– No, no puedo comprenderlo..., no puedo imaginarlo. Parecía feliz.

Al día siguiente, Ruti recibió una carta. Al ver la letra con su nombre en el sobre, palideció y lo rasgó, con mano temblorosa. Aquella carta debió de echarla su tío al correo antes de suicidarse, al salir de su habitación.

Ruti leyó:

«Querido Ruti: Sé muy bien que no estoy enfermo, porque no sentía ninguno de los dolores que te dije. Después de tu reconocimiento consulté a un médico y quedé completamente convencido. No sé cuánto tiempo habría vivido aún con mi salud envidiable, porque estas cosas, como tú dices bien, no se saben nunca del todo. Tú sabías que si me creía condenado, no esperaría la muerte en la cama y haría lo que he hecho, a pesar de todo; y que, por fin, me heredarías. Pero te estoy muy agradecido, Ruti, porque yo sabía que mi dinero era sucio, y estaba ya cansado. Cansado y, tal vez, eso que se llama arrepentido. Para que Dios no me lo tenga en cuenta – tú sabes, Ruti, que soy buen creyente a pesar de tantas cosas –, dejo mi dinero a los niños del Asilo.»

'Can you think of any reason why your uncle should have done such a thing?'

'No, I can't understand it . . . I can't imagine. He seemed happy.'

The following day, Ruti received a letter. When he saw the handwriting of his name on the envelope, he turned pale and tore it open with trembling hands. His uncle must have posted the letter before committing suicide, after leaving his bedroom.

Ruti read:

'Dear Ruti: I know very well that I am not ill because I didn't feel any of the pains I told you about. After you'd examined me I went to a doctor and was completely reassured. I don't know how long I would have lived on with my enviable good health, for, as you so rightly say, one can never tell. You knew that if I thought my days were numbered, I would not wait to die in bed and that I would do what I have in fact done, in spite of everything; and that at long last you would inherit my money. But I am very grateful to you, Ruti, because I knew that my money was tainted and I had grown weary. Weary, and possibly what they call repentant. So that God won't hold it against me – you know, Ruti, that in spite of so many things I'm a good believer at heart – I'm leaving my money to the orphanage.'

AFTER THE PROCESSION

JORGE EDWARDS

Translated by Hardie St Martin

– ¿Qué estás haciendo? – preguntó su madre, sorprendida –. ¿Pintándote?

– Sí – dijo Isabel –. Me eché una capita de colorete. Como es la procesión del Carmen . . .

– No seas tonta – dijo su madre –. ¿Para qué necesitas pintarte? Y déjame las cosas bien ordenadas, después.

– Es tan beata esta niñita – dijo su padre, desde la pieza del lado –. Para lo único que se le ocurre pintarse es para las procesiones.

– Déjala – dijo su madre –. Si quiere pintarse . . . Es mejor fomentarle la coquetería.

– ¿Puedo usar el rouge? – preguntó Isabel.

– ¿Para qué vas a ponerte rouge? – dijo su madre.

Isabel abrió el lápiz labial y se aplicó una capa muy delgada. Juntó los labios, con sabiduría instintiva, y después contempló el efecto. Satisfecha, se miró primero de frente, en seguida con la cabeza de soslayo. Cerró el lápiz labial y la polvera, limpió la orilla del lavatorio, donde habían caído polvos, y guardó las cosas en el botiquín.

– Parece que llegó la gorda[1] – dijo su madre.

– ¡Te pintaste! – exclamó la gorda, cuando Isabel la encontró ya instalada en su pieza.

– Sí – dijo Isabel, sin dar importancia al asunto –. El año pasado algunas de cuarto se pintaron para la procesión. Las monjas no les dijeron nada, ¿te acuerdas?

La gorda no se acordaba.

– No importa – dijo Isabel –. ¿Qué importancia tiene?

– ¿Vas a ir después a casa de tu Pata? – preguntó la gorda.

– Tú también – dijo Isabel –. Estás invitada.

'What are you doing?' her mother asked, surprised. 'Putting on make-up?'

'Yes,' said Isabel. 'I've put on a touch of colouring. Since it's the procession of Carmel . . .'

'Don't be silly,' her mother said. 'Why do you have to put on make-up? And leave things tidy for me afterwards.'

'This little girl is so holy,' her father said, from the next room. 'The only thing she thinks of putting on make-up for is the processions.'

'Leave her alone,' said her mother. 'If she wants to put on make-up . . . It's better to encourage the coquetry in her.'

'May I use the rouge?' Isabel asked.

'What are you putting on rouge for?' said her mother.

Isabel opened the lipstick and applied a very fine layer. She brought her lips together, with instinctive knowledge, and then contemplated the effect. Satisfied, she looked at herself in the mirror full face first, then with her head to the side. She closed the lipstick and the vanity case, cleaned the edge of the wash-basin where the powder had spilled, and put the things away in the cabinet.

'It looks as if Chubby has arrived,' her mother said.

'You've put make-up on!' Chubby exclaimed, when Isabel found her already settled in her room.

'Yes,' Isabel said, treating the whole thing lightly. 'Last year some of the girls in the fourth form put on make-up for the procession. The nuns didn't say anything to them, remember?'

Chubby didn't remember.

'It doesn't matter,' Isabel said. 'What does it matter?'

'Are you going to your Grandma's house afterwards?' Chubby asked.

'You too,' said Isabel. 'You're invited.'

– ¿En serio?

– ¡Por supuesto! Estás invitada conmigo.

La gorda no dijo una palabra, pero una subterránea satisfacción ablandó sus rasgos.

– Habrá cosas ricas – dijo Isabel.

– Ya es hora de que partamos – dijo la gorda –. Yo no me pinto. Para qué . . .

– Para qué . . . Yo me pinté por hacer la prueba, nada más.

El chófer de la micro anunció que sólo llegaba hasta Morandé, a causa de la procesión. «Hasta ahí vamos», dijeron ellas. Era un día de sol, con nubes dispersas y con algo de viento. Por la plaza pasaba un cura joven, de gran estatura, a cargo de un curso de niños que debían trotar para seguirle el tranco. El viento soplaba en su sotana. En la plaza, el viento levantaba remolinos de polvo, arrastrando los papeles dispersos. Encorvada profundamente sobre su bastón, una anciana se alejaba del bullicio, calle arriba.

La gorda había pegado la frente a la ventanilla de la micro, que avanzaba con excesiva lentitud. Isabel recordó las botas de Sebastián. Curioso, pensó, que las recordara entonces, después de haberlas olvidado durante el invierno. Había una zona oscura, sumergida en espesa oscuridad. Después venía un espacio abarcado por la luz y ahí entraban las botas. Casi nuevas. El cuero relucía. Su abuelo se balanceaba contemplando la oscuridad, con las piernas envueltas en un chal de vicuña.[2] Fantasmas agazapados en la noche, que echaban a la cara de Isabel su aliento fétido, sus murmullos sin voz. Cantos de borrachos, a la salida de la fonda. Los cascos de otro caballo repetían el galope del caballo de Isabel, a poca distancia. Ante el farol de la esquina del macrocarpa, visible al término de la alameda, el rostro torvo de los fantasmas se desvanecía, se borraba de la memoria. Isabel regresaba al recinto seguro de los establos, el olor a bosta, los insectos que se golpeaban contra el farol de la galería; crujido rítmico de la mecedora, crepitar de las hojas del periódico; interrumpiendo la costura, su abuela

'Seriously?'

'Of course! You're invited with me.'

Chubby didn't say a word, but an inner contentment softened her features.

'There'll be delicious things to eat,' said Isabel.

'It's time we left,' Chubby said. 'I'm not putting on any make-up. What for . . .'

'What for . . . I've put make-up on as a test, that's all.'

The bus driver announced that he was only going as far as Morandé, because of the procession. 'That's as far as we're going,' they said. It was a sunny day, with scattered clouds and some wind. A very tall young priest was crossing the square, in charge of a class of boys who had to trot to keep up with his big stride. His cassock billowed in the wind. In the square the wind raised whirls of dust, dragging along the scattered papers. Stooped low over her walking stick, an old woman retreated from the noise, up the street.

Chubby had glued her face to the window of the bus, which was advancing extremely slowly. Isabel remembered Sebastian's boots. Strange that she should remember them just then, she thought, after forgetting them all winter. There was a dark zone, submerged in thick darkness. Then came an area reached by the light and that is where the boots came in. Almost new ones. The leather gleamed. Her grandfather was rocking himself, gazing into the darkness, his legs wrapped in a *vicuña* shawl. Ghosts crouching in the night, blowing their fetid breath in Isabel's face, their unspoken whispers. The songs of drunkards coming out of the inn. Another horse's hoofs echoed the gallop of Isabel's horse, a little way off. Before the street lamp at the corner with the cypress hedge, visible at the end of the avenue, the gruesome faces of the phantoms vanished, erased from memory. Isabel returned to the safety of the stables, the smell of dung, the insects knocking against the lamp of the corridor; rhythmic creaking of the rocking chair, crackle of the newspaper pages; interrupting her sewing, her grandmother lowered her spectacles to the bridge

bajaba los anteojos hasta el caballete de la nariz: «No me gusta que salga sola, hijita. Algún roto borracho puede molestarla.»[3]

– Nos hubiera resultado más a cuenta venirnos a pie – dijo la gorda.

Las botas entraban a la zona de luz y cruzaban por la explanada, frente a las bodegas.[4] Al comienzo de la alameda se inclinaban, y el caballo partía a galope tendido. Ruido estridente de las herraduras contra las piedras; llegaban a volar chispas, entre el tierral y los guijarros disparados. «¿No te acuerdas de tu primo?» «Apenas me acordaba.» Su abuelo seguía balanceándose, absorto, con el periódico en la falda y la vista clavada en la noche. Pegando la frente a la ventana, en su dormitorio del segundo piso, Isabel divisaba las copas de los limoneros; vislumbraba, desde la altura, la extensión del valle lejano. Después, con la cabeza debajo de las sábanas, en ese refugio abrigado y secreto, pronunciaba el nombre. El rostro acudía puntualmente a la invocación.[5] Le conversaba con ternura y lo despedía con un beso en la boca. Al final del verano un beso no bastaba, había que besarlo otra vez, abrazarlo; la sombra, instalada en el refugio oscuro, la acariciaba; una de las últimas noches, exactamente la penúltima, hacía más de una semana que él se había ido, la sombra, sus caricias le produjeron una delirante confusión; un placer que sobrepasaba todo lo descriptible.

La micro se demoró largo rato en cruzar una esquina. El gentío iba en aumento; a tres o cuatro cuadras[6] de distancia se escuchaba una banda de música.

– Mejor bajémonos – dijo la gorda.

– Bajémonos – dijo Isabel.

El colegio ya estaba alineado en una esquina de la plaza Bulnes y la monja les dijo que se apuraran, la procesión comenzaría de un momento a otro. Ni se fijó en la pintura de Isabel. Isabel observó que dos o tres alumnas de quinto se habían pintado; entre las de cuarto, ella parecía la única. Pero nadie reparaba en ella. La multitud creaba una confusión protectora. Hacia el centro de la plaza se veían varios

of her nose: 'I don't like you going out alone, child. Some rough drunkard might bother you.'

'It would have been better to come on foot,' Chubby said.

The boots entered the area of light and crossed the avenue, in front of the warehouses. At the beginning of the esplanade, they leaned forward and the horse took off at a full gallop. Grating noise of the horseshoes against the stones; sparks even shot out, between the dirt and the flying pebbles. 'Don't you remember your cousin?' 'I barely remembered.' Her grandfather went on rocking, lost in thought, the newspaper in his lap and his eyes staring out at the night. Pressing her forehead to the windowpane, in her bedroom on the second floor, Isabel could just see the tops of the lemon trees; from up there she could make out the expanse of the distant valley. Afterwards, with her head under the sheets, in that safe and secret refuge, she said the name aloud. The face promptly answered the summons. She talked to it tenderly and said good-bye with a kiss on the mouth. At the summer's end, one kiss was not enough, she had to kiss it again, to embrace it; settled in the dark refuge, the phantom caressed her; on one of the last nights, the last but one to be exact, more than a week since he had been gone, the phantom's caresses caused her a thrilling confusion, a pleasure beyond anything describable.

The bus took a long time getting past a corner. The crowd was growing; a band could be heard three or four blocks away.

'We'd better get off,' Chubby said.
'Let's get off,' Isabel said.
The school was already lined up at a corner of Bulnes Square and the nun told them to hurry, the procession would start any moment now. She didn't even notice Isabel's make-up. Isabel saw that two or three fifth-form girls had put on make-up; she seemed to be the only one among the fourth-formers. But no one took any notice of her. The crowd generated a protective confusion. Several banners could be seen near the centre

estandartes. Alguien dijo que la Escuela Militar se estaba formando en la avenida Bulnes, detrás de la estatua. Ella y la gorda se empinaron y vieron los penachos rojos de la banda de música y, más atrás, algunos penachos blancos. Otras alumnas también se empinaban y hablaban de los cadetes con excitación.

– Desde donde mi Pata veremos pasar a los cadetes – dijo Isabel.

– ¿Alcanzaremos a verlos?

– Sí – dijo Isabel –. Nosotras desfilamos primero y ellos desfilan al último, protegiendo el anda[7] de la Virgen. Para eso los traen.

Un hombre flaco, vestido de oscuro, con la camisa raída, pasó cerca y gritó con voz estentórea, levantando el puño derecho:

– ¡Viva la Virgen del Carmen!

Le respondió un viva prolongado y estridente.

– ¡Viva Cristo Rey! – gritó el hombre –. Sus ojos negros relampagueaban.

– ¡Viva la Santa Iglesia Católica! – gritó después.

– Tiene cara de loco – dijo Isabel, cuando se apagó el tercero de los vivas. El hombre se alejaba rápidamente por uno de los prados de la plaza, pisoteando el pasto. Se oyó de nuevo su grito, adelgazado por la distancia, y la respuesta sonora y confusa.

De pronto, los estandartes del centro de la plaza se pusieron verticales, rígidos, y al cabo de unos segundos empezaron a avanzar, aumentando la distancia entre ellos. El himno a la Virgen del Carmen se elevó de la multitud en oleadas sucesivas. La monja que encabezaba las filas pasó por el costado cantando Virgen del Carmen bella, Madre del Salvador, incitando con su ejemplo a las alumnas. La gorda rompió a cantar y clavó la vista en Isabel para que lo hiciera. Las primeras columnas del colegio habían emprendido la marcha. Isabel se unió al canto, sintiéndose escudada por el vocerío general. Había gente en las innumerables ventanas del barrio cívico. Isabel miró hacia arriba

of the square. Someone said that the Military School was forming over on Bulnes Avenue, behind the statue. She and Chubby stood on their toes and saw the red plumes of the band and, farther back, some white ones. Other girls were also standing on tiptoe and talking about the cadets excitedly.

'From Grandma's house we'll see the cadets go past,' Isabel said.

'Will we really see them?'

'Yes,' Isabel said. 'We march by first and they go last, protecting the Virgin's litter. That's what they're brought to do.'

A thin man, dressed in a dark suit and frayed shirt, passed close to them and shouted in a ringing voice, raising his right fist:

'Long live the Virgin of Carmel!'

A prolonged, shrill cheer answered him.

'Long live Christ the King!' the man shouted. His dark eyes were flashing.

'Long live the Holy Catholic Church!' he shouted after that.

'He looks like a madman,' said Isabel, when the third cheer died down. The man went off quickly across one of the lawns of the square, trampling the grass. Dying off in the distance, his cry was heard again, and the answer, resounding and confused.

Suddenly, the banners at the centre of the square stood straight and rigid, and after a few seconds began to move forward, the distance between them widening. The hymn to the Virgin of Carmel rose from the crowd in wave after wave. The nun leading the ranks passed alongside, singing Beautiful Virgin of Carmel, Mother of Our Saviour, spurring the girls on with her example. Chubby burst out singing and glared at Isabel to follow suit. The first columns of the school had taken up the march. Isabel joined in the singing, feeling herself shielded by the general clamour. There were people at the countless windows of the central city district. Isabel looked up and managed to distinguish the heads peering from the upper

29

y alcanzó a distinguir las cabezas asomadas por las terrazas superiores de los edificios. En los balcones de la Alameda, los espectadores se apiñaban; muchos cantaban, otros aplaudían, e Isabel descubrió en una ventana estrecha, más bien una tronera, a una vieja flaca, de color cetrino, que contemplaba la procesión con gesto desdeñoso.

– ¡Ésa es la casa de mi Pata! – exclamó Isabel, señalando un balcón que todavía quedaba distante. Al pasar al frente, los árboles ocultaron en parte el balcón. Isabel reconoció a una de las empleadas de la casa[8] y le hizo señas, pero no hubo caso; la empleada miraba hacia abajo de la Alameda. Un cura rubicundo retrocedía cantando ¡Perdón, oh, Dios mío; perdón e indulgencia!; las alumnas lo seguían sin ganas y apenas se perdía de vista, dejaban de cantar. Encaramados en los árboles había racimos de niños vagos. Algunos hacían morisquetas a las muchachas. La gente se apretujaba en las veredas, detrás de los cordones policiales.

– En la casa de mi Pata va a haber bastante gente – dijo Isabel. La gorda la miró, pero no quiso demostrar su curiosidad.

– Van a haber unos primos míos.

La gorda seguía mirándola e Isabel hubiera querido hablarle, pero se sintió paralizada. Muchas veces había querido hablarle durante el año, y siempre le pasaba lo mismo. Una vez puso el cuaderno de composición a la vista de ella, en una página llena de eses; quería que la gorda le preguntara qué significaban, pero era demasiado poco ocurrente, la gorda. Escribió entonces una S grande, en seguida una E; cuando iba a poner la B, la volvió a dominar la sensación de estar paralizada, de secreto incomunicable. Trataba de violar el secreto y la inmediata parálisis sobrevenía. Pensó entonces, con amargura, en las botas, y vio después la estación de ferrocarril, los rieles vacíos, la mujer voluminosa flanqueada por sus dos canastos de substancias y dulces, el silencio de la estación, donde parecía que nunca se había detenido un tren, no parecía que Sebastián partiera y que el verano prácticamente hubiera terminado, sólo la

terraces of the buildings. The balconies along the Avenue were jammed with onlookers; many were singing, others applauding, and at a narrow window, more like a loophole, Isabel caught sight of a skinny, sallow-faced old woman watching the procession with a contemptuous expression.

'That's my Grandma's house!' cried Isabel, pointing out a balcony that was still far off. As they passed in front of it, the trees partly hid the balcony. Isabel recognized one of the maids and waved to her, but there was no reaction; the maid was looking down the Avenue. A rosy-cheeked priest was walking backwards singing, Pardon, O my God; pardon and indulgence! The schoolgirls followed him half-heartedly and as soon as he drew out of sight, they would stop singing. Perched up in the trees were bunches of street urchins. Some of them pulled faces at the girls. People jammed the pavements behind the police cordons.

'There will be lots of people at my Grandma's house,' Isabel said. Chubby looked at her, but tried not to let her curiosity show.

'There'll be some cousins of mine.'

Chubby kept on looking at her and Isabel would have liked to speak out to her, but she felt paralysed. Often in the course of the year she had wanted to speak out and the same thing always happened to her. Once she put her essay book where she could see it, open at a page covered with S's; she wanted Chubby to ask her what they meant, but Chubby was far from bright. So she wrote a huge S, and an E right after it; she was just about to put down the B, when the feeling of being paralysed, of an incommunicable secret, overcame her again. She would try to break the secret but was immediately paralysed. Then she thought bitterly of the boots, and after that she saw the railway station, the empty tracks, the voluminous woman flanked by her two baskets of foods and sweets, the silence of the station, where it seemed that no train had ever stopped, it didn't seem possible that Sebastian was going away and the summer was practically over, only Sebastian's tie, his

corbata de Sebastián, sus miradas nerviosas a la vía desierta, refrescaban esa inquietante convicción; un hombre atravesó la vía lentamente, con las manos hundidas en el overol grasiento, y una pareja de gente pobre, escoltada por numerosa parentela, con paquetes, canastos, dos maletas a punto de reventar, entró al andén; al otro lado de la vía un coche con un caballo esperaba a su dueño; el caballo pateaba el suelo de vez en cuando, daba un resoplido; «no te vayas», dijo Isabel, y Sebastián sonrió, se arregló la corbata; los demás primos le hacían preguntas, comentaban detalles del viaje, en cuántas estaciones para, la velocidad máxima, el clima que haría en Santiago, si habrían pintado la casa, uno afirmó que sí, se lo había escuchado a su padre; un hombre solo con una maleta esperaba también, cerca de ellos, observándolos de reojo, y de pronto la pequeña locomotora hizo su aparición en la distancia, entró ruidosamente llenando la estación de humo y de silbidos de vapor.

– ¡Canta! – exclamó la gorda, colorada de furia.

– Vamos bastante abajo – dijo Isabel.

Cesó el canto y la gorda, sofocada, dijo:

– Si no cantas, no veo para qué vienes a la procesión, francamente.

– Tú qué te metes[9] – dijo Isabel –. Yo sabré lo que hago.

– Tú sabrás – dijo la gorda –. Pero si no cantas, estás todo el tiempo distraída, no veo . . .

– No te metas, ¿quieres hacerme un favor?

– Muy bien – dijo la gorda, volviendo a mirar al frente. Seguía roja, e Isabel le vio, contra la luz, un incipiente bigote rubio, una ligera espuma. De nuevo se levantaba de las columnas del frente y se extendía como una ola hacia el resto de la procesión, ahogando rezos, murmullos, aplausos, todo el bullicio informe, el himno a la Virgen del Carmen. Junto a los árboles del centro de la Alameda se observó un tumulto; las alumnas que marchaban adelante y los espectadores de ese lado se dieron vuelta para mirar; se divisó el uniforme de un carabinero; los espectadores abrieron paso

nervous glances at the deserted rails revived that disquieting conviction; a man crossed the tracks slowly, his hands buried in his greasy overall, and a poor couple came onto the platform, escorted by numerous relatives, with packages, baskets, two suitcases on the verge of bursting open; on the other side of the tracks a carriage with one horse waited for its owner; the horse pawed the ground from time to time, it snorted; 'don't go,' said Isabel and Sebastian smiled, straightened his tie; the other cousins were asking him questions, discussing details of the trip, how many stops, the maximum speed, what the weather would be like in Santiago, whether the house would have been painted, one said yes, he had heard his father say so; a man by himself, with a suitcase, was also waiting near them, watching them out of the corner of his eye, and suddenly the little engine appeared in the distance, came in noisily filling the station with smoke and hisses of steam.

'Sing!' Chubby exclaimed, flushed with fury.

'We're pretty far down,' said Isabel.

The singing stopped and Chubby said, out of breath:

'Frankly I can't see why you come to the procession, if you don't sing.'

'Mind your own business,' Isabel said. 'I ought to know what I'm doing.'

'You ought to know,' Chubby said. 'But if you don't sing, and you're always daydreaming, I don't see . . .'

'Do me a favour, will you? Mind your own business.'

'Very well,' said Chubby, looking straight ahead again. She was still red and, against the light, Isabel saw an incipient blond moustache on her, a wisp of foam. The hymn to the Virgin of Carmel rose once again from the leading columns and spread like a wave to the rest of the procession, drowning out prayers, murmurs, cheers, all the jumbled uproar. A disturbance attracted attention, near the trees at the centre of the Avenue; the girls marching in front and the spectators on that side turned round to look; a policeman's uniform was seen; the spectators let through a group that was returning to the

a un grupo que regresaba a la procesión; en el centro iba un muchacho en mangas de camisa, muy acalorado y con los cabellos revueltos. Les informaron que era un muchacho de la Acción Católica que le había pegado a un comunista. «Por lanzar insultos contra la procesión.» Detrás del cordón de carabineros, dos mujeres flacas chillaron aplaudiendo al muchacho.

Faltaba poco para llegar a la iglesia de los Salesianos. Isabel sintió un asomo de miedo y cantó en voz alta. «No lo he visto ni una vez en todo el invierno», quiso decirle a la gorda. Momentáneamente olvidada de su celo,[10] la gorda miraba los balcones, boquiabierta.

– ¿Sabes? – comenzó Isabel.

– ¿Qué cosa? – preguntó la gorda.

«¡Gorda antipática!», pensó Isabel.

– ¿Qué cosa, pues? – insistió la gorda.

– Nada – dijo Isabel –. ¿Dónde termina la procesión?

– Ya podemos salirnos – dijo la gorda –. Si tú quieres . . .

– Como quieras – dijo Isabel, dominada por un acceso de miedo –. Si quieres seguimos otro poco.

A medida que se internaban por la calle Cumming, las columnas iban raleando.

– Voy a ver a un primo que no veo desde las vacaciones – dijo Isabel.

– ¿Qué edad tiene? – preguntó la gorda.

– Como dos años más que yo. Este otro año entra a estudiar leyes.

– ¿Qué tal es? – preguntó la gorda.

– Bastante simpático – dijo Isabel.

– Creo que ya me hablaste de él – dijo la gorda, que pareció evocar una noción nebulosa –. No sé . . . Tengo la idea . . .

Se despidieron de la monja y caminaron por calles interiores, eludiendo al gentío. En cada esquina las alcanzaba una ráfaga de bullicio. Después de algunas cuadras, Isabel dobló a la derecha y se acercaron a la Alameda. La multitud cubría la bocacalle. Un anda avanzaba en medio de los

procession; a boy in shirtsleeves walked in their midst, all
flushed and with his hair rumpled. They were told that he
was a Catholic Action boy who had thrashed a communist.
'For hurling insults at the procession.' Behind the cordon
of policemen, two skinny women screeched, cheering the
boy.

It was only a short way now to the church of the Salesians.
Isabel felt a flicker of fear and sang loudly. 'I haven't seen him
once all winter,' she wanted to tell Chubby. Temporarily forgetting her fervour, Chubby gaped up at the balconies.

'Do you know?' began Isabel.
'What?' Chubby asked.
'Fat slob!' Isabel thought.
'Well, what?' Chubby insisted.
'Nothing,' Isabel said. 'Where does the procession end?'
'We can drop out now,' Chubby said. 'If you like ...'
'As you like,' Isabel said, overcome by a rush of fear. 'If
you like, we'll go on a little further.'
As they went deeper into Cumming Street, the columns
thinned out.
'I'm going to see a cousin I haven't seen since the holidays,'
Isabel said.
'How old is he?' Chubby asked.
'About two years older than me. He's going to study law
this coming year.'
'What's he like?' asked Chubby.
'Very nice,' said Isabel.
'I believe you've already spoken to me about him,' said
Chubby, seeming to call up a vague image. 'I don't know ... I
have the idea ...'
They took leave of the nun and walked along back streets,
avoiding the crowds. A burst of noise reached them at each
corner. After several blocks, Isabel turned right and they
approached the Avenue. The crowd jammed the opening of
the side-street. A litter advanced in the midst of cheers,

aplausos, oscilando como un barco sobre las cabezas: San
José en su taller de carpintería.

Les costó abrirse camino hasta la puerta enrejada. Por fin
transpusieron el umbral y se encontraron en una entrada
oscura, en que emanaba frío de las paredes. La soledad y la
temperatura fresca eran un contraste agudo con el exterior.
La puerta principal estaba entreabierta. En la penumbra
interior se levantaba una escalinata de mármol, protegida
por una baranda de hierro forjado y de bronce.

– ¿En serio que estoy convidada? – preguntó la gorda.

– En serio – dijo Isabel –. Pero ya se me quitaron las
ganas de mirar la procesión. ¿Y a ti?

– Asomémonos – dijo la gorda.

Vieron los vidrios de colores del vestíbulo y los rayos de
luz que caían desde la gran claraboya central. Las puertas
de las salas que daban a la calle estaban abiertas. Las dos
muchachas caminaron por el vestíbulo en la punta de los
pies. En la primera sala, un escritorio de techo muy alto,
envuelto por la penumbra, había un viejo de frondosa barba
blanca. Hundido en un sofá, de espaldas a la ventana,
parecía exhausto por el esfuerzo de haber llegado hasta allí.
Sus manos flacas, llenas de manchas parduzcas, se aferraban
a la empuñadura de un bastón afirmado en el suelo, entre
las piernas largas y escuálidas. Sus ojos se fijaron en la
gorda e Isabel y permanecieron impasibles, pero las manos
temblaron sobre la empuñadura y la mandíbula inferior
empezó a moverse, como si se dispusiera a hablar. Detrás del
viejo, más allá de las cortinas y de los vidrios, algunas sombras transitaban por el balcón. Isabel reconoció el perfil de
Sebastián, que había cambiado mucho: estaba más alto,
rígido, imbuido de una supuesta importancia.

– Te está hablando – dijo la gorda, tironeando a Isabel
de la manga y señalando con el rostro al viejo. El viejo
movía las mandíbulas; por encima del ruido callejero, era
posible distinguir una voz lejana, casi extinguida, que
articulaba una salutación.

rocking like a ship above the heads: St Joseph in his carpenter's workshop.

They had a hard time making their way to the grilled gate. They crossed the threshold at last and found themselves in a dark entrance, where cold seeped from the walls. The solitude and the cool temperature were a sharp contrast to the outside. The main door was ajar. In the half-light within rose a flight of marble stairs, guarded by a bannister of wrought iron and bronze.

'Seriously, am I really invited?' Chubby asked.

'Seriously,' Isabel said. 'But I don't feel like watching the procession any more. What about you?'

'Let's go and look,' Chubby said.

They saw the stained glass panes of the vestibule and the rays of light that fell from the large central skylight. The doors of the rooms overlooking the street were wide open. The two girls walked through the vestibule on tiptoe. In the first room, a study with a very high ceiling wrapped in shadows, was an old man with a bushy white beard. Sunk in a sofa, his back to the window, he looked exhausted by the effort of having come that far. His thin hands, covered with brownish spots, gripped the knob of a cane steadied on the floor, between his long, limp legs. His eyes fixed on Chubby and Isabel and remained impassive, but his hands trembled on the knob of the cane and his lower jaw began to work, as if he were preparing to speak. Behind the old man, beyond the curtains and the glass panes, several shadows moved around on the balcony. Isabel recognized the profile of Sebastian, who had changed a great deal: he was taller, stiff, filled with affected importance.

'He's talking to you,' Chubby said, tugging at Isabel's sleeve and indicating the old man with her face. The old man was working his jaws; above the street noises, a voice could be distinguished, far away, almost drowned out, uttering a greeting.

*

Los balcones del primer piso estaban repletos. Isabel condujo a la gorda a un dormitorio del segundo piso. Salieron al balcón y una empleada robusta, de brazos arremangados, lanzó un chillido.

— ¡Qué susto me dio, Isabelita!

Había otra empleada, nueva en la casa, que observaba de reojo a Isabel y no se atrevía a saludar. No tardó en aparecer entre los árboles, encima del gentío, el vestido blanco, cubierto de pedrería, de la Virgen del Carmen. La empleada robusta la saludó con gritos y aplausos, y hasta el rostro ensimismado de la nueva se animó ligeramente. Isabel y la gorda también aplaudieron. Al paso del anda, el griterío de la multitud subía de tono. Más allá se divisaban, en hileras impecables, los penachos de la Escuela Militar. Una voz lejana gritó ¡Viva la Virgen del Carmen!, y todos gritaron Viva, reventando los pulmones. La voz repitió su llamada y todos volvieron a gritar. Enloquecida, la empleada robusta entró al dormitorio y salió a los dos segundos con un manojo de claveles. Cortaba los tallos y arrojaba las flores a la Virgen, frenética. La nueva la miraba entre avergonzada y sonriente. Isabel le sacó dos claveles de las manos, entregó uno a la gorda y los arrojaron a un tiempo. La Virgen avanzaba oscilando imperceptiblemente, con solemnidad sobrenatural. Sus manos exangües se plegaban en oración y sus pequeños hombros resistían airosos el peso abrumador del manto; el rostro de mejillas rosadas y ojos vivaces iniciaba una sonrisa, sin exteriorizar el menor esfuerzo. Detrás, prolongando la blancura, desfilaban los cadetes a marcha lenta, sonrosados y serios.

Cuando los árboles ocultaron la pedrería densa del manto, Isabel y la gorda bajaron al primer piso. Alguna gente se había retirado de los balcones y penetraba al vestíbulo. Un arlequín bailaba sobre su base circular, con acompañamiento de música, y varios niños,[11] alzándose con dificultad hasta la altura de la mesa, lanzaban alaridos de júbilo. Dos de ellos se precipitaron a saludar a Isabel.

The balconies on the first floor were packed. Isabel led Chubby to a bedroom on the second floor. They went out on the balcony and a hefty servant with rolled-up sleeves let out a shriek.

'You gave me such a jump, Isabelita!'

There was another servant, new in the house, who watched Isabel out of the corner of her eye and did not venture to say hello. The Virgin of Carmel's white dress, covered with jewellery, soon appeared among the trees, above the crowd. The hefty servant greeted her with shouts and applause, and even the bemused face of the new one became slightly animated. Isabel and Chubby also applauded. As the litter passed, the shouting of the crowd grew stronger. Further along the plumes of the Military School could be seen, in impeccable ranks. A faraway voice shouted, Long Live the Virgin of Carmel! and everyone shouted Long Live, straining their lungs. The voice repeated its hail and everyone shouted again. Beside herself, the hefty servant went into the bedroom and came out two seconds later with a bunch of carnations. She snapped off the stalks and threw the flowers to the Virgin, wildly. The new maid looked at her, half embarrassed and half smiling. Isabel took two carnations out of her hands, passed one to Chubby, and together they flung them down. The Virgin advanced swaying imperceptibly, with supernatural solemnity. Her bloodless hands were clasped in prayer and her small shoulders bore the crushing weight of the cloak gallantly; the face with its rosy cheeks and lively eyes wore the beginning of a smile, without revealing the slightest effort. Behind, prolonging the whiteness, the cadets filed past at a slow step, red-faced and serious.

When the trees hid the thick jewellery of the cloak, Isabel and Chubby went down to the first floor. Some of the people had withdrawn from the balconies and were going into the vestibule. A harlequin danced on its circular base, to the accompaniment of music, and several children, straining to reach as high as the table, let out screams of glee. Two of them rushed up to greet Isabel.

– ¿Dónde te habías metido tú, diabla? – preguntó una voz, suave, pero firme.

– Quiubo,[12] Patita – dijo Isabel –. ¿Como estás?

Vio que la gorda esperaba a dos metros de distancia, con cara de sufrimiento, y la presentó. Tres niños pasaron corriendo y derribaron al menor de los que contemplaban el arlequín, que soltó el llanto desde el suelo.

– ¡Niñitos! – exclamó la anciana, con acento autoritario.

Los muchachos, atropellándose, desaparecieron por un corredor lateral.

– Veo que estás pintada – dijo la anciana, cogiendo el mentón de Isabel y sonriendo con malicia –. ¿A quién quieres conquistar?

– ¡A nadie! – protestó Isabel, intensamente ruborizada –. ¿De dónde sacó eso?

– Tus primos se quedaron mirando el final de la procesión. Anda a verlos . . .

– Después – dijo Isabel, que luchaba por disimular una turbación irrefrenable –. Ahora vamos al comedor.

– Vayan – dijo la señora, empujándolas ligeramente –. Hay huevos chimbos.

La luz se descomponía en las jaleas rojas y verdes, y los bizcochos rectangulares de los huevos chimbos se esponjaban en el almíbar, acribillados por gajos de almendra. El viejo había logrado trasladarse del escritorio a un rincón del comedor y comía con parsimonia; en la barba se le enredaban pedazos de bizcochuelo y de merengue. Estalló una pelea a poca distancia suya y Eliana, la mayor de las primas de Isabel, sacó a los contendores de la sala entre pellizcos y coscachos.

– ¡Qué insoportables! – exclamó al regresar. Parecía extenuada, con un cansancio que no sólo venía de esa tarde sino de años de lidiar[13] con ellos. Isabel recordó el departamento estrecho, de paredes sucias, traspasado de olor a comida, en que Eliana vivía rodeada de su prole numerosa y en perpetua beligerancia. Alguien, hacía poco, había

40

'Where had you been hiding, you little devil?' asked a soft but firm voice.

'Hello, Granny,' Isabel said. 'How are you?'

She saw Chubby waiting two yards away, a look of suffering on her face, and introduced her. Three little boys dashed past and knocked down the youngest of those watching the harlequin, who burst out crying on the floor.

'Children!' the old woman exclaimed, in an authoritative tone.

Stumbling over one another, the boys disappeared down a side passage.

'I see you're wearing make-up,' the old woman said, taking hold of Isabel's chin and smiling mischievously. 'Who are you out to catch?'

'No one!' protested Isabel, blushing intensely. 'Where did you get that idea?'

'Your cousins stayed on watching the end of the procession. Go and see them . . .'

'Later,' said Isabel, who was struggling to disguise an uncontrollable confusion. 'We're going to the dining room now.'

'Go,' the lady said, pushing them gently. 'There's egg syrup.'

The light dispersed in the red and green jellies and the rectangular sponge cakes of the egg syrup, studded with almond chips, were soaking in syrup. The old man had managed to move from the study to a corner of the dining room and was eating sparingly; pieces of sponge cake and meringue got caught in his beard. A fight broke out a short distance away from him, and Eliana, the oldest of Isabel's cousins, got the contenders out of the room with pinching and slapping.

'They're impossible!' she exclaimed when she returned. She looked exhausted, with a weariness that came not only from that afternoon but from years of dealing with them. Isabel recalled the crammed apartment, with dirty walls, permeated by the smell of food, where Eliana lived, surrounded by her numerous, constantly fighting brood. Someone, a short

41

regresado de Brasil diciendo que creía haber visto al marido en una ciudad del sur.

– Coman – les dijo Eliana, señalando una torta que empezaba a desmoronarse –. ¿Quieren que les parta un pedazo?

Pese a su agotamiento, tenía la manía de asumir tareas domésticas que escapaban a sus obligaciones.

– ¿Está tu primo aquí? – preguntó la gorda, disimuladamente.

Isabel le hizo un gesto negativo, perentorio. Devoró de prisa su pedazo de torta y le dijo a la gorda que se fueran.

– ¿Por que? – preguntó la gorda, que ahora se pasaba la lengua por el labio superior y escogía un dulce de San Estanislao.

– ¡Vamos! – ordenó Isabel, irritada.

– ¿Por qué nos vamos? – insistió la gorda, mientras salían al vestíbulo. Sobre la cubierta de mármol de la mesa, el arlequín alzaba los brazos y la pierna derecha, inmovilizado en el apogeo de su danza –. ¿Quieres buscar a tu primo?

– ¡Al contrario! – dijo Isabel, con exasperación.

Subieron la escalinata sombría y cuando caminaban por el segundo piso, Isabel lo vio cruzar el vestíbulo acompañado de otro muchacho. «Ahí va», pensó decirle a la gorda, pero sus labios no se despegaron. Reconoció la voz, pese a que no era la misma del verano anterior; había adquirido un timbre de suficiencia, una impostada severidad. Isabel se aproximó al muro para no ser vista.

Su tío Juan Carlos salía de una pieza del fondo.

– ¡Hola, chiquilla!

Las manos poderosas la abrazaron, la apretujaron.

– ¿No me das un beso?

Ella se debatió con todas sus fuerzas, mientras el tío Juan Carlos reía sonoramente; las manos de hierro le apretaban la cintura; rozaron, con humillante premeditación, uno de sus pechos.

42

while ago, had returned from Brazil saying that he thought he had seen her husband in a southern city there.

'Eat,' Eliana told them, pointing to a tart that was beginning to crumble apart. 'Do you want me to cut you a piece?'

In spite of her exhaustion, she would keep taking on domestic chores for which she was not really responsible.

'Is your cousin here?' Chubby asked surreptitiously.

Isabel responded with a negative, peremptory gesture. She gobbled down her piece of tart and told Chubby they should be going.

'Why?' asked Chubby, who was now running her tongue over her upper lip and selecting a St Stanislaus sweet.

'Let's go!' Isabel commanded, irritably.

'Why are we leaving?' Chubby insisted, as they went out into the vestibule. On the marble tabletop the harlequin raised his arms and his right leg, immobilized at the climax of his dance. 'Do you want to look for your cousin?'

'On the contrary!' Isabel said, with exasperation.

They went up the dark staircase and as they walked through the second floor, Isabel saw him cross the vestibule, accompanied by another boy. 'There he goes,' she thought of saying to Chubby, but her lips did not move. She recognized the voice, though it was not the same as last summer's; it had acquired a tone of self-sufficiency, a false severity. Isabel moved close to the wall so as not to be seen.

Her uncle Juan Carlos was coming out of a room at the rear. 'Hello, kid!'

The powerful hands embraced her, crushed her.

'Won't you give me a kiss?'

She struggled with all her might, while her uncle Juan Carlos roared with laughter; his iron hands were squeezing her waist; they brushed one of her breasts, with humiliating premeditation.

– ¡Suélteme! – gritó ella, furibunda.

– ¡Qué mal genio! – exclamó el tío Juan Carlos, riendo y alejándose en dirección a la escalinata.

– ¡Imbécil! – murmuró Isabel. Las orejas y el pecho le ardían intensamente. Entró a la pieza de su Pata y miró el papel floreado de la pared, el crucifijo de marfil, el reloj encerrado en una caja de vidrio, con las ruedecillas y engranajes a la vista. Contempló un segundo el jardín y después le hizo una seña a la gorda para que la siguiera.

Bajaron por la escalera de servicio. Al fondo de un corredor oscuro había una puerta por cuyos bordes se filtraba la luz; abriéndola, desembocaron al nivel de los prados. La brisa revoloteaba y parecía llevarse los ruidos a los techos, a los confines de las casas vecinas. Un pavo real desplegaba su cola en abanico, junto a un arbusto enano. En el extremo opuesto, el otro pavo real del jardín lanzó su llamado extravagante, agudo. Se escuchaba el vocerío creciente del comedor. La gorda dijo que la cola del pavo real era muy bonita y preguntó si los pavos reales también se comían. Entraron a una pieza situada debajo de la terraza. La empleada nueva sorbía una taza de té, frente a un hombre flaco, de aspecto malsano y triste. Interrumpieron su conversación y el hombre se puso de pie, mirando de soslayo a Isabel en espera del saludo.

– ¡Cómo está, Jenaro! – exclamó ella de pronto –. No lo había reconocido.

– Bien, señorita Isabel – dijo el hombre –. Muchas gracias.

– ¿Viene del campo?

– Sí, señorita Isabel. Del campo vengo.

– Debe de haber estado lindo el campo – dijo Isabel –. ¡Qué ganas de ir! . . . ¿A qué vino usted a Santiago?

– A buscar trabajo, señorita Isabel.

– ¿Allá no tiene trabajo? – preguntó ella, sorprendida.

– Poco, señorita . . .

– ¿Y no prefiere trabajar allá? ¿No prefiere el campo?

'Let me go!' she screamed, furiously.

'What a nasty temper!' her uncle Juan Carlos exclaimed, laughing and going off towards the stairs.

'Imbecile!' Isabel muttered. Her ears and her breasts were burning intensely. She entered her Grandma's room and looked at the flowered wallpaper, the ivory crucifix, the clock sealed in its glass box, with its little wheels and gears visible. She gazed into the garden for a second and then signalled Chubby to follow her.

They went down the service stairway. At the back of a dark passage was a door with light filtering through at the edges; opening it, they emerged at the level of the lawns. The breeze eddied about and seemed to carry off the noises to the rooftops, across into the neighbouring houses. A peacock fanned out its tail by a miniature shrub. At the opposite end, the other peacock of the garden let out its sharp, extravagant shriek. The growing hubbub in the dining room reached them. Chubby said that the peacock's tail was very pretty and asked whether peacocks were also for eating. They entered a room situated under the terrace. The new maid was sipping a cup of tea, facing a thin man with a sickly, mournful face. They broke off their conversation and the man stood up, looking at Isabel sideways, expecting a greeting.

'How are you, Jenaro!' she suddenly exclaimed. 'I hadn't recognized you.'

'Fine, Miss Isabel,' the man said. 'Thank you very much.'

'Are you in from the country?'

'Yes, Miss Isabel. I'm in from the country.'

'The country must have been lovely,' Isabel said. 'How I feel like going . . .! Why have you come to Santiago?'

'To look for work, Miss Isabel.'

'Isn't there any work there?' she asked, surprised.

'Not much, miss . . .'

'And don't you prefer working there? Don't you prefer the country?'

– Sí – dijo el hombre, sin convicción –. Pero hay muy poco trabajo, ahora, señorita Isabel.

– ¿Y piensa encontrar por aquí?

– Me tienen ofrecidas unas medias[14] en unas chacras[15] por aquí cerca, señorita Isabel.

– ¡Ah! – dijo Isabel –. Va a seguir trabajando en el campo, entonces. ¡No hay como el campo!

El hombre la miró y no atinó a decir nada. Los cinco dedos de su mano izquierda se apoyaban en el mármol sucio de la mesa y sus ojos, alarmados, parecían reflejar una actividad interior febril y trabajosa.

– Hasta luego, Jenaro – dijo Isabel –. Que le vaya bien.

– Hasta luego, señorita Isabel. Muchas gracias – dijo el hombre, girando el cuerpo entre la mesa y el muro mientras Isabel salía.

Ellas subieron a la terraza por la escalinata del jardín y entraron al comedor. Cansada de comer, la gente abandonaba el campo de batalla. Quedaban dulces aplastados contra la alfombra, jaleas mutiladas; una mosca se debatía en el almíbar de la fuente de huevos chimbos. Retumbaban los ecos de una discusión acalorada en la pieza contigua; de repente, en un intervalo de silencio, se distinguía la voz del viejo: «Son todos unos ambiciosos. Nada más. Unos ambiciosos . . .»

Ellas atravesaron el vestíbulo y en el escritorio se toparon a boca de jarro con Sebastián y Eliana, sentados en los brazos de unos sillones de cuero negro. El amigo de Sebastián inspeccionaba los libros, empinándose para alcanzar los de las filas superiores.

– ¡Hola, Isabel! – dijo Sebastián, poniéndose de pie con una sonrisa distante.

– ¡Hola! – dijo Isabel –. ¿Conoces? . . .

– ¿Conoces? . . . – dijo a su vez Sebastián, después de saludar a la gorda.

El amigo de Sebastián, medio inclinado, con la cabeza ladeada como si esquivara un ventarrón, se acercó y saludó lleno de amabilidad.

'Yes,' the man said, without conviction. 'But there's very little work now, Miss Isabel.'

'And you think you'll find some round here?'

'They've offered me tenant work in some market gardens near here, Miss Isabel.'

'Ah!' said Isabel. 'You're going to go on working in the country, then. There's nothing like the country!'

The man looked at her and couldn't think of anything to say. The five fingers of his left hand leaned on the dirty marble of the table and his frightened eyes seemed to reflect some feverish and labouring inner activity.

'So long, Jenaro,' Isabel said. 'Good luck.'

'So long, Miss Isabel. Thank you very much,' said the man, twisting his body round between the table and the wall as Isabel went out.

They went up the garden steps to the terrace and entered the dining room. Tired of eating, people were abandoning the battlefield. There were sweets left squashed on the rug, mutilated jellies; a fly was struggling in the juice on the platter of egg syrup. The echoes of a heated discussion in the next room came through loudly; suddenly, during an interval of silence, the old man's voice could be made out: 'They're all of them opportunists. Nothing more. Opportunists . . .'

They crossed the vestibule and in the study ran straight into Sebastian and Eliana, seated on the arms of black leather easy chairs. Sebastian's friend was looking over the books, standing on tiptoe to reach the ones in the upper rows.

'Hello, Isabel!' Sebastian said, coming to his feet with a faraway smile.

'Hello!' Isabel said. 'Have you met . . .?'

'Have you met . . .?' Sebastian said in turn, after greeting Chubby.

Partly bent over, with his head tipped to one side as if shying away from a blast of wind, Sebastian's friend came over and said hello, full of affability.

– Estábamos hablando de la vocación religiosa – dijo Eliana, con un sesgo de ironía.

– ¿De la vocación religiosa? – preguntó Isabel –. ¿Y por qué?

La sonrisa de Sebastián pareció derivar, hacia la esquina de los labios, en una mueca.

– ¿No te interesa el tema? – preguntó su amigo, abriendo los ojos y tartamudeando. Su corbata, el cuello de su camisa, se erizaban junto con los cabellos rebeldes y las puntas de las orejas.

– Sí – dijo Isabel –. Sí me interesa; pero, ¿por qué hablan de la vocación?

– Sebastián me discutía – explicó Eliana –, que incluso puedes tener vocación sin sentir ningún deseo de meterte de cura. Yo no creo. Yo creo que la vocación es el gusto por una cosa. Si no quieres meterte de cura, quiere decir que no tienes vocación, y se acabó.

– La vocación es un llamado de Dios – dijo Sebastián –. Algunos se resisten; otros, en cambio, tienen la inclinación sin que Dios los esté llamando. Es un problema terriblemente difícil – agregó, con un rápido aleteo de las pestañas.

– ¿Y cómo sabes que Dios te llama, si no sientes ninguna gana de ser cura?

– ¡Ah! – exclamó Sebastián –. Dios te lo hace saber, pierde cuidado.

– Vuelvo a mirar los libros – tartamudeó el amigo –. En estas discusiones no me meto.

– ¿Y cómo te lo hace saber? – preguntó Isabel.

– Dios tiene infinitas maneras de hacértelo saber – dijo Sebastián –. Puede que las ganas sean una de esas maneras, ¿me comprendes?

– No mucho – dijo Isabel.

– Dios pone las ganas en ti – dijo Sebastián, fijando la vista en las hileras de libros –. Para que tú sepas que has sido llamado. Pero Dios puede utilizar otros caminos, igualmente. Caminos misteriosos, a menudo . . .

Isabel sonrió:

'We were talking about religious vocation,' said Eliana, with a touch of irony.

'About religious vocation?' Isabel asked. 'And why?'

Sebastian's smile seemed to slide towards one corner of his lips, in a grimace.

'Doesn't the subject interest you?' his friend asked, opening his eyes and stammering. His tie, his shirt collar bristled along with his unruly hair and the tips of his ears.

'Yes,' Isabel said. 'Yes, it does interest me; but why are you talking about vocation?'

'Sebastian was arguing with me,' Eliana explained, 'that you can even have a vocation without feeling any desire to become a priest. I don't think so. I think a vocation is a longing for something. If you don't long to become a priest, it means that you don't have a vocation, and that's that.'

'A vocation is a call from God,' Sebastian said. 'Some resist; others, on the other hand, have the inclination without God's calling them. It's a terribly difficult problem,' he added, with a quick flutter of his eyelashes.

'And how do you know God calls you, if you don't feel like being a priest?'

'Ah!' Sebastian exclaimed. 'God lets you know, don't you worry.'

'I'm going to look at the books,' the friend stammered. 'I'm not getting into these arguments.'

'And how does He let you know?' Isabel asked.

'God has infinite ways of letting you know,' said Sebastian. 'It may be that the longing is one of those ways, do you understand me?'

'Not really,' said Isabel.

'God puts the longing in you,' Sebastian said, fixing his eyes on the rows of books. 'So that you will know that you have been called. But God can use other means, just the same. Mysterious means, often . . .'

Isabel smiled:

– ¿Te acuerdas de tu despedida en la estación – preguntó –, en el verano último?

– Sí – dijo Sebastián –. ¿Por qué?

– Por nada – dijo Isabel –. Me estaba acordando ahora, no más . . .

– ¡Ricardito! – vociferó Eliana, poniéndose de pie. Uno de sus hijos se colgaba de las cortinas de brocato, amenazando con derribarlas. El amigo de Sebastián miraba un libro y se rascaba el remolino de la coronilla.

– ¡Mocoso de porquería! – gritó Eliana, tropezando en un atril de metal. El muchacho se escurrió por entre las piernas del amigo de Sebastián; las palmas rojizas, enervadas, de su madre, no lo alcanzaron.

– Yo me habría metido de monja – suspiró Eliana –. ¡Qué descanso!

Sebastián sonrió sin humor.

– Fue entretenido el veraneo – dijo Isabel –. ¿No encuentras tú?

Sebastián, absorbido por otra preocupación, no respondió; la gorda lo miraba de reojo, poniendo un pie encima del otro.

– Ahora tenemos que irnos – dijo Isabel.

– Bien – dijo Sebastián, saliendo a medias de su ensimismamiento.

– Hasta luego – dijo Isabel.

– Hasta luego – dijo Sebastián –. Mucho gusto de haberte visto.

Eliana las ayudó a buscar a la dueña de casa para despedirse.

– Está completamente perdido – dijo, bajando la voz, muy excitada –. Los curas lo tienen agarrado.

– ¿Tú crees? – preguntó Isabel.

– ¡Completamente!

La dueña de casa, que se hallaba en una salita pegada al comedor, se limitó a escuchar los comentarios de Eliana y a mover la cabeza con aire desolado. Plegó los labios y se le formó una red de innumerables arrugas.

'Do you remember your farewell at the station,' Isabel asked, 'last summer?'

'Yes,' Sebastian said. 'Why?'

'Nothing,' Isabel said. 'I was just remembering, that's all . . .'

'Ricardito!' Eliana yelled, getting to her feet. One of her sons was hanging from the brocade curtains, threatening to pull them down. Sebastian's friend was looking at a book and scratching the crown of his head.

'Filthy brat!' Eliana shouted, tripping over a metal reading stand. The boy slipped away between the legs of Sebastian's friend; the red, wasted-away palms of his mother's hands failed to reach him.

'I should have become a nun,' Eliana sighed. 'What a relief!'

Sebastian smiled humourlessly.

'The summer vacation was fun,' Isabel said. 'Don't you think?'

His mind on something else, Sebastian did not answer; Chubby was looking at him out of the corner of her eye, putting one foot on top of the other.

'We have to go now,' Isabel said.

'All right,' Sebastian said, partly coming out of his trance.

'So long,' Isabel said.

'So long,' Sebastian said. 'It was great seeing you.'

Eliana helped them look for the lady of the house to say good-bye.

'He's completely done for,' she said, dropping her voice, very agitated. 'The priests have him hooked.'

'Do you think so?' Isabel asked.

'Completely!'

The lady of the house, who was in a little room just next to the dining room, confined herself to listening to Eliana's comments and shaking her head with a sorrowful air. She puckered her lips, forming a web of innumerable wrinkles.

– ¡Y no sacas nada con discutir! – dijo Eliana –. ¡Todo te lo da vuelta! ¡Esos curas! . . .

– ¡Elianita! – intervino la señora –. No seas irrespetuosa . . .

– Sí – dijo Eliana –. Está muy bien. Pero . . . ¡Pescarse a un hijo único! ¡Lo encuentro el colmo!

– ¡Cállate, hija![16] No digas eso . . .

– Nosotras tenemos que partir, Patita – dijo Isabel.

La dueña de casa, sonriendo con expresión de profunda fatiga, como si los trajines de la jornada hubieran sido excesivos para sus años, extendió sus manos menudas y sus mejillas resecas a Isabel.

*

En la Alameda, entre los papeles pisoteados, el abandono, la pequeña devastación que había producido el desfile, Isabel se preguntaba en voz alta qué le habría pasado a Sebastián. La gorda iba mirando la calle, que después del vacío que siguió a la procesión empezaba a recuperar su movimiento. Isabel, vagamente, imaginaba corredores, clausuras, una estatua de la Virgen entre arbustos olorosos, mañanas de niebla espesa que se condensaba en los caños de lluvia y caía sobre mosaicos de ladrillo gastado, roto, un cántico, las columnas del incienso buscando la bóveda celestial, una campana, una voz escudada en su propia monotonía, frente a una imagen y a una cortina incolora. El olor a mentolato se repartía por la celda.

– En invierno – dijo Isabel –, los curas tienen siempre la nariz colorada[17] y olor a mentolato.

– ¿De dónde sacaste eso? – preguntó la gorda.

– No sé – dijo Isabel –. Pero así es.

– ¡Las cosas tuyas!

La gorda contó una anécdota de una compañera de curso. La compañera se había picado con ella por algo que ella le dijo a la monja Calixta, y resultaba que ella . . .

– El amigo de Sebastián era cómico – dijo Isabel –. Parecía un gallo mojado, ¿no encontraste?

'And you get nowhere arguing!' Eliana said. 'He twists everything around! Those priests . . . !'

'Elianita!' the lady intervened. 'Don't be disrespectful . . . '

'Yes,' Eliana said. 'All right. But . . . Getting their hooks into an only son! I think that's the limit!'

'Be quiet, girl! Don't say that . . .'

'We have to leave, Granny,' Isabel said.

Smiling with an expression of intense weariness, as if the day's bustle had been too much for her years, the lady of the house held out her tiny hands and her dried-up cheeks towards Isabel.

*

In the midst of the trampled papers, the disorder, the minor devastation the parade had created on the Avenue, Isabel asked herself out loud what had come over Sebastian. Walking along, Chubby was looking about the street that was beginning to recover its bustle after the emptiness that had followed the procession. Vaguely, Isabel imagined corridors, cloisters, a statue of the Virgin among fragrant shrubbery, mornings with heavy mist that turned to water in the gutters and fell on mosaics of footworn, broken brick, a canticle, columns of incense seeking the heavenly dome, a bell, a voice sheltered in its own monotony, in front of an image and a faded curtain. The smell of menthol was spreading through the cell.

'In winter,' Isabel said, 'priests always have red noses and smell of menthol.'

'Where did you dig that up?' Chubby asked.

'I don't know,' Isabel said. 'But that's how it is.'

'The things you come out with!'

Chubby told a story about a classmate. This classmate of hers had taken offence because of something she had said to Sister Calixta, and it turned out that she . . .

'Sebastian's friend was funny,' Isabel said. 'He looked like a wet rooster, didn't you think?'

La gorda esperó un momento prudencial y prosiguió su relato. Ella le había dicho a la otra que la monja Calixta no sospechaba ni una palabra, no había sido ninguna indiscreción, lo único que le dijo a la monja Calixta . . .

– ¿Qué diablos le habrá pasado? – se volvió a preguntar Isabel, encogiéndose de hombros.

– ¡Qué rota[18] eres! – exclamó la gorda –. No oyes una palabra de lo que te dicen. Por educación, siquiera . . .

– Sí, te oigo – dijo Isabel –. Lo que pasa es que hablas como tarabilla.[19]

– ¡Qué antipática estás! – exclamó la gorda –. ¡Qué pesada más grande!

– Como tarabilla – insistió Isabel, sintiendo que las exclamaciones de la gorda conseguían irritarla –. Además, lo que estabas contando no tiene el menor interés. A mí, por lo menos, no me interesa un pepino, ¿comprendes?

– Muy bien – dijo la gorda –. Si no te interesa . . .

– Ni un pepino – repitió Isabel, con saña.

– Muy bien – dijo la gorda, a punto de soltar el llanto –. Ahí viene mi carro – agregó.

– No te enojes, gordita – dijo Isabel, tomándola del brazo y reteniéndola por la fuerza –. Son bromas, tú sabes . . .

– Es que estás tan plomo[20] – dijo la gorda, una vez que Isabel logró apaciguarla –. Realmente . . .

Isabel le acarició los cabellos.

– Por lo demás – dijo la gorda –, ya es hora de que tome el carro; quedé de estar temprano en la casa.

Después de la comida, aprovechando que sus padres habían salido al cine, Isabel llamó a la gorda por teléfono. Le habló, con humor, de Eliana, de su Pata, del viejo que mascullaba sin descanso frases inaudibles; lo habían visto bajando la escalera, ayudado por su chófer y por la empleada nueva; cada cierto trecho se detenía, se aclaraba la garganta con prolongado estrépito, escupía en un pañuelo y, antes de proseguir, permanecía un rato boquiabierto, acezando.

– ¿Quién es el viejo ese?– preguntó la gorda.

Chubby waited a prudent moment and went on with her story. She had told the other that Sister Calixta did not suspect a thing, it had not been an indiscretion, all she had told Sister Calixta . . .

'What the devil has come over him?' Isabel asked herself again, shrugging.

'You're awful!' Chubby exclaimed. 'You don't hear a word anyone tells you. Out of politeness, at least . . .'

'Yes, I hear you,' Isabel said. 'The trouble is you talk like a parrot.'

'You're being so horrid!' Chubby exclaimed. 'What a big bore!'

'Like a parrot,' Isabel insisted, noticing that Chubby's exclamations managed to annoy her. 'Anyhow, what you were telling isn't the least bit interesting. At least, I don't care a fig, see?'

'Very well,' Chubby said. 'If you're not interested . . .'

'Not one fig,' Isabel repeated, angrily.

'Very well,' Chubby said, ready to break into tears. 'There comes my bus,' she added.

'Don't get angry, Chub,' Isabel said, taking her arm and holding her back by force, 'I'm only joking, you know . . .'

'But you're being so tiresome,' Chubby said, once Isabel succeeded in pacifying her, 'Really . . .'

Isabel stroked her hair.

'Anyhow,' Chubby said, 'It's time I took the bus; I said I'd be home early.'

After dinner, taking advantage of the fact that her parents had gone to the cinema, Isabel called Chubby on the phone. She spoke to her jokingly of Eliana, her Grandma, the old man who mumbled inaudible phrases without stopping; they had seen him going downstairs, assisted by his chauffeur and the new maid; he halted every so often, cleared his throat with long drawn out noises, spat into a handkerchief and stayed there a while gaping, panting, before going on.

'Who is that old man?' Chubby asked.

– Un primo de mi abuelo, que fue muy unido con él. Algo era del Partido Conservador, creo . . .

– El té estaba rico – dijo la gorda.

– ¿Sabes? – dijo Isabel –. Tengo miedo de tener vocación, yo también.

– ¡Se te ocurre! – exclamó la gorda.

– ¡Te prometo! – dijo Isabel.

– ¿De dónde sacas eso? – preguntó la gorda –. ¿De lo que decía tu primo?

– No – dijo Isabel –. No sé . . . Me pasa una cosa rara, ¿sabes?: cada vez que me gusta un tipo y lo encuentro después de un tiempo, me desilusiona completamente. Es raro, ¿no encuentras?

– Pero eso no significa que tengas vocación – dijo la gorda.

– No sé – dijo Isabel –. A lo mejor significa. Acuérdate de lo que decía mi primo: no es cuestión de que tengas o no tengas ganas.

– De todas maneras, no creo – dijo la gorda.

– Verdad – afirmó Isabel –. Tengo bastante miedo de tener vocación.

– No creo – dijo la gorda.

'A cousin of grandfather's, who used to be very close to him. He was somebody in the Conservative Party, I think . . .'

'The tea was delicious,' said Chubby.

'Do you know?' said Isabel. 'I'm afraid I might have a vocation, too.'

'The things you think of!'

'I mean it!' Isabel said.

'Where did you get that from?' Chubby asked. 'From what your cousin was saying?'

'No,' said Isabel. 'I don't know . . . Something strange is happening to me, you know? Every time I like a guy and I run into him after a time, I'm completely disappointed. It's strange, don't you think?'

'But that doesn't mean that you have a vocation,' Chubby said.

'I don't know,' Isabel said. 'Maybe it does mean that. Remember what my cousin was saying: it's not a question of feeling or not feeling like it.'

'Anyway, I don't think so,' Chubby said.

'Really,' Isabel assured her. 'I'm very much afraid I might have a vocation.'

'I don't think so,' Chubby said.

AMALIA

MARIO VARGAS LLOSA

Translated by Hardie St Martin

AMALIA*

Popeye Arévalo había pasado la mañana en la playa de
Miraflores. Miras por gusto[1] la escalera, le decían las chicas
del barrio, la Teté no va a venir. Y, efectivamente, la Teté no
fue a bañarse esa mañana. Defraudado, volvió a su casa antes
del mediodía, pero mientras subía la cuesta de la Quebrada
iba viendo la naricita, el cerquillo, los ojitos de Teté, y se
emocionó: ¿cuándo vas a hacerme caso, cuándo, Teté?
Llegó a su casa con los pelos rojizos todavía húmedos,
ardiendo de insolación la cara llena de pecas. Encontró al
senador esperándolo: ven pecoso, conversarían un rato. Se
encerraron en el escritorio y el senador ¿siempre quería
estudiar arquitectura? Sí papá, claro que quería. Sólo que
el examen de ingreso era tan difícil, se presentaban montones y entraban poquísimos. Pero él chancaría[2] fuerte,
papá, y a lo mejor ingresaba. El senador estaba contento de
que hubiera terminado el colegio sin ningún curso jalado[3]
y desde fin de año era una madre[4] con él, en enero le había
aumentado la propina de una a dos libras. Pero aun así,
Popeye no se esperaba tanto: bueno, pecoso, como era
difícil ingresar a Arquitectura mejor no se arriesgaba este
año, que se matriculara en los cursos de Pre y estudiara
fuerte, y así el próximo año entrarás seguro: ¿qué le parecía,
pecoso? Bestial,[5] papá, la cara de Popeye se encendió más,
sus ojos brillaron. Chancaría, se mataría estudiando y el año
próximo seguro que ingresaba. Popeye había temido un
verano fatal sin baños de mar, sin matinés, sin fiestas, días
y noches aguados[6] por las matemáticas, la física y la
química, y a pesar de tanto sacrificio no ingresaré y habré
perdido las vacaciones por las puras. Ahí estaban ahora,

*Véase la nota en página siguiente.

60

AMALIA*

Popeye Arévalo had spent the morning at the Miraflores beach.
You're wasting your time looking at the steps, the neighbourhood girls said to him, Teté won't be coming. And, as a matter
of fact, Teté didn't go swimming that morning. Disappointed,
he went back home before noon, but as he climbed Quebrada
Hill he walked along seeing Teté's tiny nose, her fringe, her
little eyes, and he got all worked up: when are you going to
take notice of me, when, Teté? He got home with his reddish
hair still damp, his freckly face burning from too much sun.
He found the senator waiting for him: come on Freckles, they
would chat a little. They shut themselves in the library and the
senator asked did he still want to study architecture? Yes, dad,
of course he still wanted to. But the entry exam was so tough,
masses of people applied and very few got in. But he would
work hard, dad, and he might get by. The senator was pleased
that he had finished high school without flunking any subjects
and from the end of the year on he had been damned good to
him, in January he had upped his allowance from one to two
libras. But even so, Popeye wasn't expecting all this: well then,
Freckles, since it was tough getting into Architecture he had
better not risk it this year, he should sign up for Prep courses
and study hard, and then you'll get in next year for sure: what
did he think of that, Freckles? Super, dad, Popeye's face lit up
some more, his eyes gleamed. He would flog himself, kill himself studying and next year he would get in for sure. Popeye
had dreaded a lousy summer, with no swimming, no afternoon
film shows, no parties, days and nights ruined by mathematics,
physics and chemistry, and in spite of all that sacrifice I won't
get in and I'll have wasted my holidays for nothing. And there

* This is in fact chapter 2 of Vargas Llosa's latest novel *Conversación
en la catedral* (in 2 vols.), which uses flashbacks and stream of
consciousness to kaleidoscopic effect in the baroque tale of a family
steeped in politics, corruption and personal tragedy.

recobradas, la playa de Miraflores, las olas de la Herradura, la bahía de Ancón, y las imágenes eran tan reales, las plateas del Leuro, el Montecarlo y el Colina, tan bestiales, salones donde él y la Teté bailaban boleros, como los de una película en tecnicolor. ¿Estás contento?, dijo el senador, y él contentísimo. Qué buena gente[7] es, pensaba, mientras iban al comedor, y el senador eso sí, pecoso, acabadito el verano a romperse el alma[8] ¿se lo prometía?, y Popeye se lo juraba, papá. Durante el almuerzo el senador le hizo bromas, ¿la hija de Zavala todavía no te daba bola[9], pecoso?, y él se ruborizó: ya le estaba dando su poquito, papá. Eres una criatura para tener enamorada, dijo su vieja, que se dejara de adefesios[10] todavía. Qué ocurrencia, ya está grande, dijo el senador, y además la Teté era una linda chiquilla. No des tu brazo a torcer, pecoso, a las mujeres les gustaba hacerse de rogar, a él le había costado un triunfo[11] enamorar a la vieja, y la vieja muerta de risa. Sonó el teléfono y el mayordomo vino corriendo: su amigo Santiago, niño.[12] Tenía que verlo urgente, pecoso. ¿A las tres en el Cream Rica de Larco, flaco? A las tres en punto, pecoso. ¿Tu cuñado iba a sacarte la mugre si no dejabas en paz a la Teté, pecoso?, sonrió el senador, y Popeye, pensó qué buen humor se gasta hoy. Nada de eso, él y Santiago eran adúes,[13] pero la vieja frunció el ceño: a ese muchachito le falla una tuerca ¿no? Popeye se llevó a la boca una cucharadita de helado, ¿quién decía eso?, otra de merengue, a lo mejor lo convencía a Santiago de que fueran a su casa a oír discos y de que llamara a la Teté, sólo para conversar un rato, flaco. Se lo había dicho la misma Zoila en la canasta del viernes, insistió la vieja. Santiago les daba muchos dolores de cabeza últimamente a ella y a Fermín, se pasaba el día peleando con la Teté y con el Chispas, se había vuelto desobediente y respondón. El flaco se había sacado el primer puesto en los exámenes finales, protestó Popeye, qué más querían sus viejos.

– No quiere entrar a la Católica sino a San Marcos – dijo

they suddenly are, recovered, Miraflores beach, the surf of Herradura, Ancón Bay, and the images were so real, the stalls of the Leuro cinema, the Montecarlo and the Colina, so fantastic, the dancehalls where he and Teté danced boleros, just like in a film in Technicolor. Are you pleased? the senator said, and he was very pleased indeed. He really is nice, he thought, as they went to the dining room, and the senator said, just one thing, Freckles, the minute summer was over he'd have to strain every nerve working, promise?, and Popeye swore he would, dad. During lunch the senator teased him, Zavala's daughter still wasn't having him, Freckles? and he turned red in the face: she was beginning to take some notice, dad. You're still too wet behind the ears to be having a girl, his old lady said, he should stop that nonsense for now. What a stupid idea, he's big enough, the senator said, and besides Teté was quite a bird. Don't let it get you down, Freckles, women liked to play hard to get, winning his mother's heart had taken some doing, and this made her laugh helplessly. The telephone rang and the butler came running: it was his friend Santiago, young man. He had to see him right away, Freckles. At three in the Cream Rica over on Larco, Skinny? At three o'clock sharp, Freckles. So your brother-in-law was going to take the stuffing out of you if you didn't stay away from Teté, Freckles?, the senator grinned, and Popeye thought what a great mood he's in today. Not at all, he and Santiago were buddies, but his old lady frowned: that child has a screw loose, hasn't he? Popeye brought a teaspoonful of icecream up to his mouth, who said so?, another of meringue, who knows he might convince Santiago that they go to his house and listen to records and that he call Teté, just to talk for a little while, Skinny. Zoila herself had said so at Friday's canasta, his old lady insisted. Lately Santiago had given her and Fermín many headaches, he spent his time quarrelling with Teté and Chispas, he had grown disobedient and cheeky. Skinny had come first in the final exams, Popeye protested, what more could his parents ask for.

'He wants to go to San Marcos, not the Catholic

la señora Zoila –. Eso lo tiene hecho una noche a Fermín.

– Yo lo haré entrar en razón, Zoila, tú no te metas – dijo don Fermín –. Está en la edad del pato, hay que saber llevarlo. Riñéndolo, se entercará más.

– Si en vez de consejos le dieras unos cocachos te haría caso – dijo la señora Zoila –. El que no sabe educarlo eres tú.

– Se casó con ese muchacho que iba a la casa – dice Santiago –. Popeye Arévalo. El pecoso Arévalo.*

– El flaco no se lleva bien con su viejo porque no tienen las mismas ideas – dijo Popeye.

– ¿Y qué ideas tiene ese mocoso recién salido del cascarón? – se rió el senador.

– Estudia, recíbete de abogado y podrás meter tu cuchara en política – dijo don Fermín –. ¿De acuerdo, flaco?

– Al flaco le da cólera que su viejo ayudara a Odría a hacerle la revolución a Bustamante – dijo Popeye –. Él está contra los militares.

– ¿Es bustamantista? – dijo el senador –. Y Fermín cree que es el talento de la familia. No debe ser tanto, cuando admira al calzonazos[14] de Bustamante.

– Sería un calzonazos, pero era una persona decente y había sido diplomático – dijo la vieja de Popeye –. Odría, en cambio, es un soldadote y un cholo.[15]

– No te olvides que soy senador odriísta – se rió el senador –. Así que déjate de cholear a Odría, tontita.

– Se le ha metido entrar a San Marcos porque no le gustan los curas, y porque quiere ir donde va el pueblo – dijo Popeye –. En realidad, se le ha metido porque es un

*Véase la nota en página siguiente.

University,' Señora Zoila said. 'That has been giving Fermín sleepless nights.'

'I'll make him see sense, Zoila, don't you interfere,' Don Fermín said. 'He's still having growing pains, you have to know how to handle him. Scolding him will make him more stubborn.'

'Give him a couple of good raps instead of advice and he'd listen to you,' Señora Zoila said. 'You're the one who doesn't know how to bring him up.'

'She married that boy who used to visit the house,' Santiago says. 'Popeye Arévalo. Freckles Arévalo.'*

'Skinny doesn't get on with his old man because they don't have the same ideas,' Popeye said.

'And what ideas has he got anyway, that pipsqueak just out of nappies?' the senator laughed.

'Study, get your law degree and then you can meddle in politics,' said Don Fermín. 'Right, Skinny?'

'Skinny gets mad because his old man helped Odría with the revolution against Bustamante,' Popeye said. 'He's against the Military.'

'Is he a Bustamante man?' the senator said. 'And Fermín thinks he's the brain of the family. He can't be all that bright if he admires old pushover Bustamante.'

'He may have been a pushover, but he was a decent person and had been a diplomat,' Popeye's old lady said. 'While Odría is army brass and riffraff.'

'Just remember that I'm an Odría senator,' the senator laughed. 'So stop referring to Odría as riffraff, silly.'

'He's taken it into his head to go to San Marcos because he doesn't like priests, and because he wants to go where ordinary people go,' said Popeye. 'But in fact, he's got this idea because

* These two lines are part of the 'Conversation in the Cathedral' of the title which refer to the framework of the novel: Santiago, the central character, happens to run into Ambrosio, a black servant long ago dismissed by his family, and as they sit in 'The Cathedral', a cheap back-street eating house, they unravel the past, coming finally to the core of a dark mystery which has weighed heavily on Santiago for years.

contreras. Si sus viejos le dijeran entra a San Marcos, diría
no, a la Católica.

– Zoila tiene razón, en San Marcos perderá las relaciones
– dijo la vieja de Popeye –. Los muchachos bien van a la
Católica.

– También en la Católica hay cada indio[16] que da miedo,
mamá – dijo Popeye.

– Con la plata que está ganando Fermín ahora que anda
de cama y mesa con Cayo Bermúdez, el mocoso no va a
necesitar relaciones – dijo el senador –. Sí, pecoso, anda
nomás.

Popeye se levantó de la mesa, se lavó los dientes, se peinó
y salió. Eran sólo las dos y cuarto, mejor iba haciendo tiempo.
¿No somos patas, Santiago?, anda, dame un empujoncito
con la Teté. Subió por Larco pestañeando por la resolana y
se detuvo a curiosear las vitrinas de la Casa Nelson: esos
mocasines de gamuza con un pantaloncito marrón y esa
camisa amarilla, bestial. Llegó al Cream Rica antes que
Santiago, se instaló en una mesa desde la que podía ver la
avenida, pidió un milk-shake de vainilla. Si no lo convencía
a Santiago de que fueran a oír discos a su casa irían a la
matiné o a timbear[17] donde Coco Becerra, de qué querría
hablarle el flaco. Y en eso entró Santiago, la cara larga, los
ojos como afiebrados: sus viejos la habían botado[18] a la
Amalia, pecoso. Acababan de abrir la sucursal del Banco de
Crédito y, por las ventanas del Cream Rica, Popeye veía
cómo las puertas tumultuosas se tragaban a la gente que
había estado esperando en la vereda. Hacía sol, los Expresos
pasaban repletos, hombres y mujeres se disputaban los
colectivos en la esquina de Shell. ¿Por qué habían esperado
hasta ahora para botarla, flaco? Santiago encogió los hombros, sus viejos no querían que él se diera cuenta que la
botaban por lo de la otra noche, como si él fuera tonto.
Parecía más flaco con esa cara de duelo, los pelos retintos[19]
le llovían sobre la frente. El mozo se acercó y Santiago le
señaló el vaso de Popeye, ¿también de vainilla?, sí. Por
último qué tanto, lo animó Popeye, ya encontraría otro

he's cussed. If his folks told him to go to San Marcos, he would say no, it's the Catholic for me.'

'Zoila is right, at San Marcos he'll be out of touch with the right connections,' Popeye's old lady said. 'Nice boys go to the Catholic.'

'In Catholic, too, there are any number of roughnecks,' said Popeye.

'With the amount of money Fermín is making now that he keeps company with Cayo Bermúdez, the pipsqueak won't be needing connections,' said the senator. 'Yes, Freckles, you can go now.'

Popeye left the table, brushed his teeth, combed his hair and went out. It was only two-fifteen, he'd better take his time. 'Aren't we buddies, Santiago? Come on, give us a hand with Teté.' He went up Larco Avenue blinking from the glare and stopped to window-shop at Nelson House: those suede moccasins with a pair of brown trousers, and that yellow shirt, great. He got to the Cream Rica before Santiago, settled down at a table where he could see the street, ordered a vanilla milk-shake. If he didn't manage to talk Santiago into going to listen to records at his house they would go to the afternoon flick or play poker dice at Coco Becerra's, what could Skinny want to talk to him about. And just then Santiago walked in, with a long face, his eyes a bit feverish: his folks had sacked Amalia, Freckles. They had just opened the Credit Bank branch and, through the windows of the Cream Rica, Popeye could see how the crowded doors swallowed up the people who had been waiting outside on the pavement. It was sunny, the buses were packed full, men and women were squabbling over taxis at the corner of Shell Street. Why had they waited until now to fire her, Skinny? Santiago shrugged, his folks didn't want him to think that they were firing her because of what happened the other night, as if he were stupid. He looked even skinnier with that sorrowful face, his black hair flopping down on his fore-head. The waiter came over and Santiago pointed to Popeye's glass, vanilla too?, yes. After all it's not so bad, Popeye said to cheer him up, she would soon find another job, there was a

trabajo, en todas partes necesitaban sirvientas. Santiago se miró las uñas: la Amalia era buena gente, cuando el Chispas, la Teté o yo estábamos de mal humor se desfogaban requintándola[20] y ella nunca nos acusó a los viejos, pecoso. Popeye removió el milk-shake con la cañita, ¿cómo te convenzo de que vayamos a oír discos a tu casa, cuñado?, sorbió la espuma.

– Tu vieja le fue a dar sus quejas a la senadora por lo de San Marcos – dijo.

– Puede ir a darle sus quejas al rey de Roma – dijo Santiago.

– Si tanto les friega San Marcos, preséntate a la Católica, qué más te da – dijo Popeye –. ¿O en la Católica exigen más?

– A mis viejos eso les importa un pito – dijo Santiago –. San Marcos no les gusta porque hay cholos y porque se hace política, sólo por eso.

–Te has puesto en un plan muy fregado – dijo Popeye –. Te las pasas dando la contra, rajas de todo, y te tomas demasiado a pecho las cosas. No te amargues la vida por gusto, flaco.

– Métete tus consejos al bolsillo – dijo Santiago.

– No te las des tanto de sabio, flaco – dijo Popeye –. Está bien que seas chancón, pero no es razón para creer que todos los demás son unos tarados. Anoche lo trataste a Coco de una manera que no sé cómo aguantó.

– Si a mí no me da la gana de ir a misa, no tengo por qué darle explicaciones al sacristán ése – dijo Santiago.

– O sea que ahora también te las das de ateo – dijo Popeye.

– No me las doy de ateo – dijo Santiago –. Que no me gusten los curas no quiere decir que no crea en Dios.

– ¿Y qué dicen en tu casa de que no vayas a misa? – dijo Popeye –. ¿Qué dice la Teté, por ejemplo?

– Este asunto de la chola me tiene amargo, pecoso – dijo Santiago.

demand for servant-girls everywhere. Santiago looked down at his nails: Amalia was pretty nice whenever Chispas, Teté or I were in a bad mood and took it out on her and she never told on us to the folks, Freckles. Popeye stirred the milk-shake with the straw, how can I talk you into taking me along to listen to records at your house, brother-in-law?, he sucked up the foam.

'Your old lady went to cry on the senator's wife's shoulder about the San Marcos thing,' he said.

'She can go cry on the shoulder of the King of Rome,' said Santiago.

'If San Marcos upsets them so much, apply to Catholic, what difference does it make to you,' Popeye said. 'Or are they more exacting at Catholic?'

'My parents don't give a hang about that,' Santiago said. 'They don't like San Marcos because there are working-class guys going there and because there's politicking, that's all.'

'You've got yourself into one hell of a position,' said Popeye. 'You're always being contrary, you object to everything, and you take things too much to heart. Don't waste time getting bitter about life, Skinny.'

'Keep your advice to yourself,' said Santiago.

'Don't be such a wise-guy, Skinny,' Popeye said. 'It's fine for you to be an egghead, but that's no reason to believe that everybody else is stupid. I don't know how Coco put up with the way you treated him last night.'

'If I don't feel like going to Mass, I don't have to account for it to that holy character,' said Santiago.

'Which means that now you're also claiming to be an atheist,' said Popeye.

'I'm not claiming to be an atheist,' Santiago said. 'Just because I don't like priests it doesn't mean that I don't believe in God.'

'And what do they say at home about your not going to Mass?' said Popeye. 'What does Teté say, for instance?'

'This thing about the hired girl has really upset me, Freckles,' Santiago said.

69

– Olvídate, no seas bobo – dijo Popeye –. A propósito de la Teté, ¿por qué no fue a la playa esta mañana?

– Se fue al Regatas con unas amigas – dijo Santiago –. No sé por qué no escarmientas.

– El coloradito, el de las pecas – dice Ambrosio –. El hijito del senador don Emilio Arévalo, claro. ¿Se casó con él?

– No me gustan los pecosos ni los pelirrojos – hizo una morisqueta la Teté –. Y él es las dos cosas. Uy, qué asco.

– Lo que más me amarga es que la botaran por mi culpa – dijo Santiago.

– Más bien de culpa del Chispas – lo consoló Popeye –. Tú ni sabías lo que era yobimbina.[21]

Al hermano de Santiago le decían ahora sólo Chispas, pero antes, en la época en que le dio por lucirse en el Terrazas levantando pesas, le decían Tarzán Chispas. Había sido cadete de la Escuela Naval unos meses y cuando lo expulsaron (él decía que por haberle pegado a un alférez) estuvo un buen tiempo de vago, dedicado a la timba y al trago y dándoselas de matón. Se aparecía en el Óvalo de San Fernando y se dirigía amenazador a Santiago, señalándole a Popeye, a Toño, a Coco o a Lalo: a ver, supersabio, con cuál de ésos quería medir sus fuerzas. Pero desde que entró a trabajar a la oficina de don Fermín se había vuelto formal.

– Yo sí sé lo que es, sólo que nunca había visto – dijo Santiago –. ¿Tú crees que las vuelve locas a las mujeres?

– Cuentos del Chispas – susurró Popeye –. ¿Te dijo que las vuelve locas?

– Las vuelve, pero si se le pasa la mano las puede volver cadáveres, niño Chispas – dijo Ambrosio –. No me vaya a meter en un lío. Fíjese que si lo chapa[22] su papá, me funde.

– ¿Y te dijo que con una cucharada cualquier hembrita se te echaba? – susurró Popeye –. Cuentos, flaco.

– Habría que hacer la prueba – dijo Santiago –. Aunque sea para ver si es cierto, pecoso.

Se calló, atacado por una risita nerviosa y Popeye se rió

'Forget it, don't be an idiot,' Popeye said. 'Talking of Teté, why didn't she go to the beach this morning?'

'She went to the Yacht Club with some girl friends,' Santiago said. 'I can't see why you don't take the hint.'

'The little red-haired fellow, the one with the freckles,' says Ambrosio. 'Senator Arévalo's boy, of course. She married him?'

'I don't like freckles or redheads,' Teté screwed up her face. 'And he is both. Ugh, how sickening.'

'What gets me most is that they fired her on my account,' said Santiago.

'On account of Chispas, I'd say,' Popeye consoled him. 'You didn't even know what Yohimbiné was.'

Now they simply called Santiago's brother Chispas, but before, in the days when he loved to show off weight-lifting at the Terrazas Club, they used to call him Tarzan Chispas. He had been a cadet at the Naval Academy for several months and when they expelled him (according to him, for hitting an ensign) he bummed around for quite some time, hooked on dice poker and drink and carrying on like a tough guy. He would show up at the San Fernando Racetrack and challenge Santiago, pointing to Popeye, Toño, Coco or Lalo: let's see, superwiseguy, on which one of them would he try his strength. But ever since he went to work at Don Fermín's office, he'd become steadier.

'But I do know what it is, only I'd never seen it,' said Santiago. 'Do you think it turns women crazy?'

'Chispas's tall stories,' Popeye muttered. 'Did he tell you it turns them crazy?'

'It does, but if you go too far you can turn them into corpses, Master Chispas,' Ambrosio said. 'Don't go getting me into trouble. Remember, if your dad finds it on you, he'll fix me.'

'And he told you that a spoonful of it will make any chick go for you?' Popeye whispered. 'Tall stories, Skinny.'

'We ought to give it a try,' said Santiago. 'Just to see if it's true, Freckles.'

He stopped talking, shaken by a nervous giggle and Popeye

71

también. Se codeaban, lo difícil era encontrar con quién, excitados, disforzados, ahí estaba la cosa, y la mesa y los milk-shakes temblaban con los sacudones: qué locos eran, flaco. ¿Qué le había dicho el Chispas al dársela? El Chispas y Santiago se llevaban como perro y gato y vez que podía el Chispas le hacía perradas al flaco y el flaco al Chispas perradas vez que podía: a lo mejor era una mala pasada de tu hermano, flaco. No pecoso, el Chispas había llegado hecho una pascua a la casa, gané un montón de plata en el hipódromo, y lo que nunca, antes de acostarse se metió al cuarto de Santiago a aconsejarlo: ya es hora de que te sacudas, ¿no te da vergüenza seguir virgo tamaño hombrón?, y le convidó un cigarro. No te muñequées, dijo el Chispas, ¿tienes hembrita?, Santiago le mintió que sí y el Chispas, preocupado: es hora de que te desvirgues, flaco, de veras.

— ¿No te he pedido tanto que me lleves al bulín? – dijo Santiago.
— Te pueden quemar y el viejo me mata – dijo el Chispas –. Además, los hombres se ganan su polvo a pulso, no pagando. Te las das de sabido en todo y estás en la luna en cuestión hembras, supersabio.
— No me las doy de sabido – dijo Santiago –. Ataco cuando me atacan. Anda, Chispas, llévame al bulín.

— Y entonces por qué le discutes tanto al viejo – dijo el Chispas –. Lo amargas dándole la contra en todo.

— Sólo le doy la contra cuando se pone a defender a Odría y a los militares – dijo Santiago –. Anda, Chispas.
— Y por qué estás tú contra los militares – dijo el Chispas –. Y qué mierda te ha hecho Odría a ti.
— Subieron al gobierno a la fuerza – dijo Santiago –. Odría ha metido presa a un montón de gente.
— Sólo a los apristas[23] y a los comunistas – dijo el Chispas –. Ha sido buenísimo con ellos, yo los hubiera

laughed too. They nudged each other, the difficult part was deciding on who with, excited, clowning, that was the thing, and the table and the milkshakes trembled from their shaking: what crazy characters they were, Skinny. What had Chispas told him when he gave it to him? Chispas and Santiago were like cats and dogs and any time Chispas had the chance he played dirty tricks on Skinny and Skinny dirty tricks on Chispas any time he got the chance: maybe it was one of your brother's funny stunts, Skinny. No, Freckles, Chispas had come into the house pleased as hell, I won a lot of bread at the races, and something he never did, before going to bed he went into Santiago's room to give him some advice: it's high time you got with it, aren't you ashamed to go on being a virgin and you such a big fellow? and he offered him a cigarette. Stop fooling, said Chispas, have you got a chick? Santiago lied to him yeah and Chispas, looking worried: it's time you had your first girl, Skinny, I mean it.

'Haven't I been after you to take me to the whorehouse?' said Santiago.

'You can get the clap and the old man would kill me,' said Chispas. 'Besides, a real man gets it without paying for it. You think you know everything and you're green when it comes to women, superwiseguy.'

'I don't think I know everything,' said Santiago. 'It's just that when people pick on me, I talk back. Come on, Chispas, take me to the whorehouse.'

'Why do you argue so much with the old man, then,' said Chispas. 'It upsets him when you contradict everything he says.'

'I only contradict him when he starts defending Odría and the Military,' Santiago said. 'Come on, Chispas.'

'And what have you got against the Military,' said Chispas. 'And what the hell has Odría done to you.'

'They set up the government by force,' said Santiago, 'Odría has thrown a lot of people in jail.'

'Only the Apristas and the Communists,' said Chispas. 'And he's been very good to them, I would have shot the lot. The

fusilado a todos. El país era un caos cuando Bustamante, la gente decente no podía trabajar en paz.

– Entonces tú no eres gente decente – dijo Santiago –. Porque cuando Bustamante tú andabas de vago.

– Te estás rifando un sopapo, supersabio – dijo el Chispas.

– Yo tengo mis ideas y tú las tuyas – dijo Santiago –. Anda, llévame al bulín.

– Al bulín, nones – dijo el Chispas –. Pero te voy a ayudar a que te trabajes una hembrita.

– ¿Y la yobimbina se compra en las boticas? – dijo Popeye.

–Se consigue por lo bajo – dijo Santiago –. Es algo prohibido.

– Un poquito en la Coca-cola, en un hot-dog – dijo el Chispas –, y esperas que vaya haciendo su efecto. Y cuando se ponga nerviosita, ahí depende de ti.

– ¿Y eso se le puede dar a una de cuántos años, por ejemplo, Chispas? – dijo Santiago.

– No vas a ser tan bruto de dársela a una de diez – se rió el Chispas –. A una de catorce ya puedes, pero poquito. Aunque a esa edad no te lo va a aflojar, le sacarás un plan bestial.

– ¿Será de verdad? – dijo Popeye –. ¿No te habrá dado un poco de sal, de azúcar?

– La probé con la punta de la lengua – dijo Santiago –. No huele a nada, es un polvito medio picante.

En la calle había aumentado la gente que trataba de subir a los atestados colectivos,[24] a los Expresos. No hacían cola, eran una pequeña turba que agitaba las manos ante los ómnibus de corazas azules y blancas que pasaban sin detenerse. De pronto, entre los cuerpos, dos menudas siluetas idénticas, dos melenitas morenas: las mellizas Vallerriestra. Popeye apartó la cortina y les hizo adiós, pero ellas no lo vieron o no lo reconocieron. Taconeaban con impaciencia, sus caritas frescas y bruñidas miraban a cada momento el reloj del Banco de Crédito, estarían yéndose a alguna

country was in chaos in Bustamante's time, decent people couldn't work in peace.'

'Then you're not decent people,' said Santiago. 'Because in Bustamante's time you bummed around.'

'You're asking for a punch in the mouth, superwiseguy,' said Chispas.

'I've got my ideas and you've got yours,' Santiago said. 'Come on, take me to the whorehouse.'

'To the whorehouse, nope,' said Chispas. 'But I'm going to help you make a chick.'

'And you can buy Yohimbiné in drugstores?' Popeye said.

'You get it under the counter,' Santiago said. 'It's a bit illegal.'

'A little bit in a Coca-Cola, in a hot dog,' Chispas said, 'and you wait for it to start working. And when she gets fidgety, then it's up to you.'

'And you can give it to a chick that's how old, for instance, Chispas?' said Santiago.

'You're not going to be so stupid as to give it to a ten-year-old,' Chispas laughed. 'You can to a fourteen-year-old, but only a little bit. Even if she's not going to let you have it, at that age you can have a real swinging time with her.'

'Do you think it's genuine?' Popeye said. 'He didn't give you some salt, or sugar, did he?'

'I tasted it with the tip of my tongue,' said Santiago. 'It doesn't smell of anything, it's a fine powder, kind of hot.'

In the street there were more and more people trying to get into the packed taxicabs, into the buses. They weren't standing in a queue, they were a small mob waving at the buses with blue and white coachwork which went by without stopping. Suddenly, among the figures, two identical small silhouettes, two little dark-haired heads: the Valleriestra twins. Popeye parted the curtain and waved to them, but either they didn't see or didn't recognize him. They tapped their heels impatiently, their fresh and tanned little faces kept looking at the Credit Bank's clock, they must be going to some film show in

matiné del centro, flaco. Cada vez que se acercaba un colectivo se adelantaban hasta la pista con aire resuelto, pero siempre las desplazaban.

– A lo mejor están yendo solas – dijo Popeye –. Vámonos a la matiné con ellas, flaco.

– ¿Te mueres por la Teté, sí o no, veleta?[25] – dijo Santiago.

– Sólo me muero por la Teté – dijo Popeye –. Claro que si en vez de la matiné quieres que vayamos a oír discos a tu casa, yo de acuerdo.

Santiago movió la cabeza con desgana: se había conseguido un poco de plata, iba a llevársela a la chola, vivía por ahí, en Surquillo. Popeye abrió los ojos, ¿a la Amalia?, y se echó a reír, ¿le vas a regalar tu propina porque tus viejos la botaron? No su propina, Santiago partió en dos la cañita, había sacado cinco libras del chancho. Y Popeye se llevó un dedo a la sien: derechito al manicomio, flaco. La botaron por mi culpa, dijo Santiago, ¿qué tenía de malo que le regalara un poco de plata? Ni que te hubieras enamorado de la chola, flaco, cinco libras era una barbaridad de plata, para eso invitamos a las mellizas al cine. Pero en ese momento las mellizas subieron a un Morris verde y Popeye tarde, hermano. Santiago se había puesto a fumar.

– Yo no creo que el Chispas le haya dado yobimbina a su enamorada, inventó eso para dárselas de maldito – dijo Popeye –. ¿Tú le darías yobimbina a una chica decente?

– A mi enamorada no – dijo Santiago –. Pero por qué no a una huachafita,[26] por ejemplo.

– ¿Y qué vas a hacer? – susurró Popeye –. ¿Se la vas a dar a alguien o la vas a botar?

Había pensado botarla, pecoso, y Santiago bajó la voz y enrojeció, después estuvo pensando y tartamudeó, ahí se le había ocurrido una idea. Sólo para ver cómo era, pecoso, qué le parecía.

– Una estupidez sin nombre, con cinco libras se pueden hacer mil cosas – dijo Popeye –. Pero allá tú, es tu plata.

the centre of town, Skinny. Each time a cab drove up they stepped resolutely forward to the kerb, but they were always brushed aside.

'Maybe they're going alone,' said Popeye. 'Let's go to the cinema with them, Skinny.'

'Are you dying for Teté or aren't you, you weather-vane?' said Santiago.

'Teté is the only one I'm dying for, 'said Popeye. 'Of course if you want us to go and listen to records at your house instead of going to the flicks, I'm all for it.'

Santiago shook his head moodily: he had got himself some cash, he was going to give it to the hired girl, she lived around there, in Surquillo. Popeye opened his eyes wide, to Amalia? and he burst out laughing, are you going to give her your allowance just because your folks fired her? Not his allowance, Santiago snapped the straw in two, he had taken five *libras* out of the piggy. And Popeye touched a finger to his temple: straight to the nut-house, Skinny. They fired her on my account, Santiago said, what was wrong with giving her a little money. Anyone would think you had fallen in love with the girl, Skinny, five *libras* was a hell of a lot of money, he'd do better to invite the twins to the movie. But just then the twins got into a green Morris and Popeye: too late, brother. Santiago had lit a cigarette.

'I don't think Chispas gave his girl any Yohimbiné, he made it up so as to look tough,' said Popeye. 'Would you give Yohimbiné to a decent girl?'

'Not to my girl,' said Santiago. 'But why not to some little nobody for instance?'

'And what are you going to do?' Popeye whispered. 'Are you going to give it to someone or throw it away?'

He had thought of throwing it away, Freckles and Santiago dropped his voice and blushed, then he thought a while and stammered, he'd had an idea. But only to see what it was like, Freckles, what did he think.

'A damn fool idea, you can do a thousand things with five libras,' said Popeye. 'But it's up to you, it's your money.'

– Acompáñame, pecoso – dijo Santiago –. Es aquí nomás, en Surquillo.

– Pero después vamos a tu casa a oír discos – dijo Popeye –. Y la llamas a la Teté.

– Conste que eres un interesado de mierda, pecoso – dijo Santiago.

– ¿Y si se enteran tus viejos? – dijo Popeye –. ¿Y si el Chispas?

– Mis viejos se van a Ancón y no vuelven hasta el lunes – dijo Santiago –. Y el Chispas se ha ido a la hacienda de un amigo.

– Ponte que le caiga mal, que se nos desmaye – dijo Popeye.

– Le daremos apenitas – dijo Santiago –. No seas rosquete,[27] pecoso.

En los ojos de Popeye había brotado una lucecita, ¿te acuerdas cuando fuimos a espiarla a la Amalia en Ancón, flaco? Desde la azotea se veía el baño de la servidumbre, en la claraboya dos caras juntas e inmóviles y abajo una silueta esfumada, una ropa de baño negra, qué riquita la cholita, flaco. La pareja de la mesa vecina se levantó y Ambrosio señala a la mujer: ésa era una polilla, niño, se pasaba el día en «La Catedral» buscando clientes. Vieron a la pareja salir a Larco, la vieron cruzar la calle Shell. El paradero estaba ahora desierto, Expreso y colectivos pasaban semivacíos. Llamaron al mozo, dividieron la cuenta, ¿y por qué sabía que era polilla? Porque además de bar-restaurant, «La Catedral» también era jabe,[28] niño, detrás de la cocina había un cuartito y lo alquilaban dos soles la hora. Avanzaron por Larco, mirando a las muchachas que salían de las tiendas, a las señoras que arrastraban cochecitos con bebes chillando. En el parque, Popeye compró «Última Hora» y leyó en voz alta los chismes, hojeó los deportes, y al pasar frente a «La Tiendecita Blanca» hola Lalo. En la alameda Ricardo Palma arrugaron el periódico e hicieron algunos pases hasta que se deshizo y quedó abandonado en una esquina de Surquillo.

'Come with me, Freckles,' Santiago said. 'It's right here in Surquillo.'

'But afterwards let's go to your house and listen to records,' said Popeye, 'And you call Teté.'

'You really are bloody selfish, Freckles,' said Santiago.

'And what if your folks find out?' Popeye said. 'And what if Chispas does?'

'My folks are going off to Ancón and won't be back until Monday,' Santiago said. 'And Chispas has gone off to a friend's ranch.'

'Suppose it makes her sick, suppose she passes out on us,' Popeye said.

'We'll only give her a little bit,' Santiago said. 'Don't be chicken, Freckles.

A tiny gleam had sprung up in Popeye's eyes, do you remember when we went to peep at Amalia in Ancón, Skinny? You could look into the servants' bathroom from the roof, two faces close together in the skylight, stockstill, and below a blurry silhouette, black towel, what a luscious bird, Skinny. The couple at the next table got up and Ambrosio points to the woman: she's a whore, Master Santiago, she spends all day here at 'The Cathedral' looking for customers. They saw the couple walk out to Larco, they saw them crossing Shell Street. The bus stop was deserted now, buses and cabs went by half empty. They called the waiter, split the bill, and how did he know she was a whore? Because besides being a restaurant-bar, 'The Cathedral' was also a brothel, there was a small room behind the kitchen and they rented it for two sols an hour. They walked down Larco, looking at the girls who came out of the shops, the women pushing carriages with crying babies. In the park, Popeye bought *Última Hora* and read the gossip column out loud, leafed through the sports, and as they passed 'The Little White Shoppe' hello Lalo. On Ricardo Palma Avenue they crumpled up the newspaper and kicked it about until it fell to pieces and was left behind at a corner in Surquillo.

– Sólo falta que la Amalia esté furiosa y me mande al diablo – dijo Santiago.

– Cinco libras es una fortuna – dijo Popeye –. Te recibirá como a un rey.

Estaban cerca del cine Miraflores, frente al mercado de quioscos de madera, esteras y toldos, donde vendían flores, cerámica y fruta, y hasta la calle llegaban disparos, galopes, alaridos indios, voces de chiquillos: «Muerte en Arizona». Se detuvieron a mirar los afiches: una cowboy tela,[29] flaco.

– Estoy un poco saltón – dijo Santiago –. Anoche me las pasé desvelado, debe ser por eso.

– Estás saltón porque te has desanimado – dijo Popeye –. Me invencionas, no va a pasar nada, no seas rosquete, y a la hora de la hora el que se chupa[30] eres tú. Vámonos al cine, entonces.

– No me he desanimado, ya se me pasó – dijo Santiago –. Espera, voy a ver si los viejos se fueron.

No estaba el carro, ya se habían ido. Entraron por el jardín, pasaron junto a la fuente de azulejos, ¿y si se había acostado, flaco? La despertarían, pecoso. Santiago abrió la puerta, el clic del interruptor y las tinieblas se convirtieron en alfombras, cuadros, espejos, mesitas con ceniceros, lámparas. Popeye iba a sentarse pero Santiago subamos de frente[31] a mi cuarto. Un patio, un escritorio, una escalera con pasamanos de fierro. Santiago dejó a Popeye en el rellano, entra y pon música, iba a llamarla. Banderines del Colegio, un retrato del Chispas, otro de la Teté en traje de primera comunión, linda pensó Popeye, un chancho orejón y trompudo sobre la cómoda, la alcancía, cuánta plata habría. Se sentó en la cama, encendió la radio del velador, un vals de Felipe Pinglo, pasos, el flaco: ya estaba, pecoso. La había encontrado despierta, súbeme unas Coca-colas, y se rieron: chist, ahí venía, ¿sería ella? Sí, ahí estaba en el umbral, sorprendida, examinándolos con desconfianza. Se había replegado contra la puerta, una chompa[32] rosada y una blusa sin botones, no decía nada. Era Amalia y no era, pensó Popeye, qué iba a ser la de mandil azul que circulaba

'All we need is for Amalia to be furious and send me packing,' Santiago said.

'Five *libras* is a fortune,' said Popeye. 'She'll receive you like a king.'

They were near the Miraflores cinema, in front of the market with wooden stalls, mats and awnings, where flowers, pottery and fruit were on sale: the gun-shots, gallops, Indian howls, kids' voices reached the street: *Death in Arizona*. They stopped to look at the posters: a dreary Western, Skinny.

'I'm feeling a bit jumpy,' Santiago said. 'I was awake all night last night, that must be why.'

'You're jumpy because you've lost your nerve,' Popeye said. 'You put the idea in my head, nothing's going to happen, don't be chicken, and when the time comes you're the one who gets cold feet. Let's go to the cinema, then.'

'I haven't lost my nerve, I've got over it,' said Santiago. 'Wait, I'll go see if the folks have gone.'

The car wasn't there, they had left already. They went in through the garden, past the tiled fountain, and suppose she had gone to bed, Skinny? They'd wake her up, Freckles. Santiago opened the door, click of the light switch and the shadows turned into rugs, pictures, mirrors, little tables with ashtrays, lamps. Popeye was about to sit down but Santiago let's go up to my room right away. A courtyard, a study, a staircase with iron bannisters. Santiago left Popeye at the landing, go in and put on some music, he was going to call her. School pennants, a photograph of Chispas, another of Teté in her First Communion outfit, beautiful Popeye thought, a big-eared pig with huge snout on top of the chest of drawers, the piggy-bank, he picked it up, how much money would there be in it. He sat on the bed, turned on the radio on the bedside table, a waltz by Felipe Pinglo, footsteps, Skinny: it was okay, Freckles. He had found her awake, bring me up some cokes, and they laughed: shh, there she comes, was it her? Yes, there she was in the doorway, taken aback, looking them over suspiciously. She had moved back against the door, a pink jumper and a buttonless blouse, she wasn't saying anything. It was

en la casa del flaco con bandejas o plumeros en las manos. Tenía los cabellos greñudos ahora, buenas tardes niño, unos zapatones de hombre y se la notaba asustada: hola, Amalia.

– Mi mamá me contó que te habías ido de la casa – dijo Santiago –. Qué pena que te vayas.

Amalia se apartó de la puerta, miró a Popeye, cómo estaba niño, que le sonrió amistosamente desde la calzada, y se volvió a Santiago: no se había ido por su gusto, la señora Zoila la había botado. Pero por qué, señora, y la señora Zoila porque le daba la gana, haz tus cosas ahora mismo. Hablaba y se iba aplacando los pelos con las manos, acomodándose la blusa. Santiago la escuchaba con la cara incómoda. Ella no quería irse de la casa, niño, ella le había rogado a la señora.

– Pon la charola[33] en la mesita – dijo Santiago –. Espera, estamos oyendo música.

Amalia puso la charola con los vasos y las Coca-colas frente al retrato del Chispas y quedó de pie junto a la cómoda, la cara intrigada. Llevaba el vestido blanco y los zapatos sin taco de su uniforme, pero no el mandil ni la toca. ¿Por qué se quedaba ahí parada?, ven siéntate, había sitio. Cómo se iba a sentar, y lanzó una risita, a la señora no le gustaba que entrara al cuarto de los niños, ¿no sabía acaso? Sonsa,[34] mi mamá no está, la voz de Santiago se puso tensa de repente, ni él ni Popeye la iban a acusar, siéntate sonsa. Amalia se volvió a reír, decía eso ahora pero a la primera que se enojara la acusaría y la señora la resondraría. Palabra que el flaco no te acusará, dijo Popeye, no te hagas de rogar y siéntate. Amalia miró a Santiago, miró a Popeye, se sentó en una esquina de la cama y ahora tenía la cara seria. Santiago se levantó, fue hacia la charola, no se te vaya a pasar la mano pensó Popeye y miró a Amalia: ¿le gustaba cómo cantan ésos? Señaló la radio, ¿regio,[35] no? Le gustaban, bonito cantaban. Tenía las manos sobre las rodillas, se mantenía muy tiesa, había entrecerrado los ojos como para

Amalia and it wasn't, Popeye thought, how could it be the one
with the coarse blue apron who went around Skinny's house
with trays or feather dusters in her hands. Her hair was rumpled now, good evening, huge men's shoes and you could tell
she was scared: hello, Amalia.

'Mother told me you had left the house,' said Santiago.
'What a pity that you're leaving.'

Amalia moved away from the door, looked at Popeye, how
young he was, who smiled at her in a friendly way from the
pavement, and turned to Santiago: she hadn't left on her own
accord, Señora Zoila had fired her. But why, ma'am, and
Señora Zoila because she felt like it, get your things together
right now. She was speaking and smoothing down her hair
with her hands, arranging her blouse. Santiago listened to her
uneasily with an uncomfortable expression. She didn't want to
leave the house, sir, she had entreated ma'am.

'Put the tray on the little table,' Santiago said. 'Wait, we're
listening to music.'

Amalia put the tray with the glasses and the cokes in front of
Chispas's photograph and remained standing next to the chest
of drawers, a look of curiosity on her face. She was wearing
the white dress and flat shoes of her uniform, but not the
coarse apron nor the cap. Why was she standing there?, come
and sit down, there was room. How could she sit down, and
she let out a giggle, ma'am didn't like her to go into the young
gentlemen's rooms, or didn't he know? Silly, mom isn't in,
Santiago's voice grew suddenly tense, neither he nor Popeye
was going to tell on her, sit down, silly. Amalia laughed again,
that's what he said now but the first time he got cross he would
tell on her and ma'am would tell her off. Word of honour that
Skinny wouldn't squeal, said Popeye, don't be difficult and sit
down. Amalia looked at Santiago, looked at Popeye, sat down
on a corner of the bed and her face was serious now. Santiago
got up, walked toward the tray, don't let your hand slip
thought Popeye and looked at Amalia: did she like the way
they sang? He pointed to the radio, great, weren't they? She
liked them, they sang nicely. She had her hands on her knees,

escuchar mejor: eran los Trovadores del Norte, Amalia. Santiago seguía sirviendo las Coca-colas y Popeye lo espiaba, inquieto. ¿Amalia sabía bailar? ¿Valses, boleros, huarachas? Amalia sonrió, se puso seria, volvió a sonreír: no, no sabía. Se arrimó un poquito a la orilla de la cama, cruzó los brazos. Sus movimientos eran forzados, como si la ropa le quedara estrecha o le picara la espalda; su sombra no se movía en el parquet.

– Te traje esto para que te compres algo – dijo Santiago.

– ¿A mí? – Amalia miró los billetes, sin agarrarlos[36] –. Pero si la señora Zoila me pagó el mes completo, niño.
– No te la manda mi mamá – dijo Santiago –. Te la regalo yo.
– Pero usted qué me va a estar regalando de su plata, niño – teniá los cachetes colorados, miraba al flaco confusa –. ¿Cómo voy a aceptarle, pues?
– No seas sonsa – insistió Santiago –. Anda, Amalia.
Le dio el ejemplo: alzó su vaso y bebió. Ahora tocaban «Siboney»,[37] y Popeye había abierto la ventana: el jardín, los arbolitos de la calle iluminados por el farol de la esquina, la superficie azogada de la fuente, el zócalo de azulejos destellando, ojalá que no le pase nada, flaco. Bueno pues, niño, a su salud, y Amalia bebió un largo trago, suspiró y apartó el vaso de sus labios semivacío: rica, heladita. Popeye se acercó a la cama.
– Si quieres, te enseñamos a bailar – dijo Santiago –. Así, cuando tengas enamorado, podrás ir a fiestas con él sin planchar.[38]
– A lo mejor ya tiene enamorado – dijo Popeye –. Confiesa Amalia, ¿ya tienes?
– Mírala cómo se ríe, pecoso – Santiago la cogió del brazo –. Claro que tienes, ya te descubrimos tu secreto, Amalia.
– Tienes, tienes – Popeye se dejó caer junto a ella, la cogió del otro brazo –. Cómo te ríes, bandida.

held herself very stiffly, had half-closed her eyes as if to listen better: they were the Troubadors of the North, Amalia. Santiago went on pouring out the Coca-colas and Popeye watched him on the sly, uneasily. Did Amalia know how to dance? Waltzes, boleros, huarachas? Amalia smiled, became serious, smiled again: no, she didn't know. She moved a little closer to the edge of the bed, crossed her arms. Her movements were forced, as if her clothes fitted too tightly or her shoulder itched: her shadow on the floor was motionless.

'I brought you this so you can buy yourself something,' said Santiago.

'For me?' Amalia looked at the notes, without taking them. 'But Señora Zoila paid me the whole month.'

'Mother didn't send you this,' Santiago said. 'I'm giving it to you.'

'But why should you be giving me your money?' her plump cheeks were red, she looked at Skinny, confused. 'How can I accept it, then?'

'Don't be silly,' Santiago insisted. 'Go on, Amalia.'

He set the example: he raised his glass and drank. Now they were playing 'Siboney', and Popeye had opened the window: the garden, the little trees in the street lit by the corner street-lamp, the shimmering surface of the fountain, the glittering tile border, I hope nothing happens to her, Skinny. Well then, to your health, and Amalia took a long swallow, sighed and took the glass away from her lips half empty: delicious, cool. Popeye went over to the bed.

'We'll show you how to dance, if you like,' said Santiago. 'That way, when you have a boy friend, you can go to parties with him and not look a fool.'

'She probably has a boy friend already,' Popeye said. 'Confess, Amalia, do you?'

'Look at the way she's laughing, Freckles,' Santiago grabbed her arm. 'Of course you have one, now we've found out your secret, Amalia.'

'You have, you have,' Popeye flopped down next to her and grabbed her other arm. 'You're really laughing, you little devil.'

85

Amalia se retorcía de risa y sacudía los brazos pero ellos no la soltaban, qué iba a tener, niño, no tenía, les daba codazos para apartarlos, Santiago la abrazaba por la cintura, Popeye le puso una mano en la rodilla y Amalia un manazo: eso sí que no, niño, nada de tocarla. Pero Popeye volvió a la carga: bandida, bandida. A lo mejor hasta sabía bailar y les había mentido que no, a ver, confiesa: bueno, niño, se los aceptaba. Cogió los billetes que se arrugaron entre sus dedos, para que viera que no se hacía de rogar nomás, y los guardó en el bolsillo de la chompa. Pero le daba pena quitarle su plata, ahora no tendría ni para la matiné del domingo.

– No te preocupes – dijo Popeye –. Si no tiene, los del barrio hacemos colecta y lo convidamos.
– Como amigos que son, pues – y Amalia abrió los ojos, como recordando –. Pero pasen, aunque sea un momentito. Disculparán la pobreza.
No les dio tiempo a negarse, entró a la casa corriendo y ellos la siguieron. Lamparones y tiznes, unas sillas, estampas, dos camas deshechas. No podían quedarse mucho, Amalia, tenían un compromiso. Ella asintió, frotaba con su falda la mesa del centro de la habitación, un momento nada más. Una chispa maliciosa brotó en sus ojos, ¿la esperarían un ratito conversando?, iba a comprar algo para ofrecerles, ya volvía. Santiago y Popeye se miraron asustados, encantados, era otra persona, flaco, se había puesto loquita. Sus carcajadas resonaban en todo el cuarto, tenía la cara sudada y lágrimas en los ojos, sus disfuerzos contagiaban a la cama un escalofrío chirriante. Ahora ella también acompañaba la música dando palmadas: sí, sí sabía. Una vez la habían llevado a Agua Dulce y había bailado en un sitio donde tocaba una orquesta, está loquísima pensó Popeye. Se paró, apagó la radio, puso el tocadiscos, volvió a la cama. Ahora quería verla bailar, qué contenta estás bandida, ven vamos, pero Santiago se levantó: iba a bailar con él, pecoso. Conchudo,[39] pensó Popeye, abusas porque es tu sirvienta,

Amalia squirmed with laughter and thrashed her arms about but they wouldn't let her go, how could she have one, she didn't have one, she hit out with her elbows to push them away, Santiago had his arm around her waist, Popeye put one hand on her knee and Amalia slapped it: Oh no, not that, hands off. But Popeye had another go: you little devil, devil. She probably even knew how to dance and had lied to them that she didn't, come on confess: well, she would accept them. She took the notes, which crumpled up between her fingers, but only so that he could see that she wasn't being difficult, and she put them away in the pocket of her jumper. But taking his money from him worried her, now he wouldn't even have any for the Sunday afternoon film.

'Don't worry,' said Popeye. 'If he doesn't have any, us local boys will chip in and treat him.'

'Like real friends, then,' and Amalia opened her eyes, as if she remembered something. 'But come in, even if it's just for a little while. Excuse the dinginess.'

She didn't give them time to say no, she dashed into the house and they followed. Big grease-spots and soot, some chairs, religious prints, two unmade beds. They couldn't stay long, Amalia, they had an appointment. She nodded, she was rubbing the table in the centre of the room with her skirt, a moment, that's all. A mischievous spark sprang up in her eyes, would they wait for her a minute chatting together? she was going out to buy something to offer them, she would be right back. Santiago and Popeye glanced at each other scared, delighted, she was a new person, Skinny, she had gone out of her mind. Her peals of laughter rang through the whole room, her face was perspiring and there were tears in her eyes, her antics sent a squeaking tremor through the bed. She too was clapping her hands to the beat of the music now: yes, yes she knew how. They had taken her to Agua Dulce once and she had danced in a place where there was a band, she's really blown her lid thought Popeye. He stood up, turned off the radio, put on the record player, went back to the bed. Now he wanted to see her dance, you're having a ball you little devil, come on let's go,

¿y si la Teté se aparecía?, y sintió que se le aflojaban las rodillas y ganas de irse, conchudo. Amalia se había puesto de pie y evolucionaba por el cuarto, sola, dándose encontrones con los muebles, torpe y pesada, canturreando a media voz, girando a ciegas, hasta que Santiago la abrazó. Popeye apoyó la cabeza en la almohada, estiró la mano y apagó la lamparilla, oscuridad, luego el resplandor del farol de la calle iluminó ralamente las dos siluetas. Popeye las veía flotar en círculo, oía la voz chillona de Amalia y se metió la mano al bolsillo, ¿veía que sí sabía bailar, niño? Cuando terminó el disco y Santiago vino a sentarse a la cama Amalia quedó recostada en la ventana, de espaldas a ellos, riéndose: tenía razón el Chispas, mírala cómo se ha puesto, calla conchudo. Hablaba, cantaba y se reía como si estuviera borracha, ni los veía, se le torcían los ojos, pecoso, Santiago estaba un poco saltón, ¿y si se desmaya? Déjate de bobadas, le habló al oído[40] Popeye, tráela a la cama. Su voz era resuelta, urgente, la tenía al palo, flaco, ¿y tú no?, angustiada, espesa: él también, pecoso. La calatearían,[41] la manosearían: se la tirarían, flaco. Medio cuerpo inclinado sobre el jardín, Amalia se balanceaba despacito, murmurando algo, y Popeye divisaba su silueta recortada contra el cielo oscuro: otro disco, otro disco. Santiago se incorporó, un fondo de violines y la voz de Leo Marini, terciopelo puro pensó Popeye, y vio a Santiago ir hacia el balcón. Las dos sombras se juntaron, lo invencionó y ahora lo tenía tocando violín en gran forma, esta perrada me la pagarás, conchudo. Ni se movían ahora, la cholita era retaca y parecía colgada del flaco, se la estaría paleteando[42] de lo lindo, qué tal concha, y adivinó la voz de Santiago, ¿no estás cansadita?, estreñida y floja y como estrangulada, ¿no quería echarse?, tráela pensó. Estaban junto a él, Amalia bailaba como una sonámbula, tenía los ojos cerrados, las manos del flaco

but Santiago got up: she was going to dance with him, Freckles. You rat, thought Popeye, you're taking advantage because she's your servant, and suppose Teté showed up?, and he felt his knees turning to jelly and felt like leaving, you rat. Amalia had come to her feet and was whirling round the room, by herself, bumping into the furniture, clumsy and top-heavy, humming softly, spinning blindly, until Santiago put his arms around her. Popeye rested his head on the pillow, reached out and switched off the night lamp, darkness, then the reflection from the street-lamp dimly lit up the two silhouettes. Popeye saw them floating round and round, heard Amalia's shrill voice and stuck his hand in his pocket, see if she knew how to dance? When the record ended and Santiago came to sit on the bed Amalia remained leaning out of the window, with her back to them, laughing: Chispas was right, see what she's like now, shut up you rat. She was talking, singing and laughing as if she were drunk, she didn't even see them, her eyes were unfocused, Freckles, Santiago was a bit jumpy, and suppose she passes out? Cut out the cackle, Popeye whispered to him, and bring her to the bed. His voice was set, urgent, he had his up like a stick, Skinny, don't you? anguished, thick: he did too, Freckles. They would strip her naked, they would paw her all over: they'd have her, Skinny, for real. Half of her body leaning over the garden, Amalia swayed very slowly, mumbling something and Popeye made out her figure outlined against the dark sky: another record, another record. Santiago stood up, a background of violins and Leo Marini's voice, pure velvet thought Popeye, and he saw Santiago heading for the balcony. The two shadows joined, he had talked him into it and now he had him playing second fiddle in a big way, you're going to pay me for this dirty trick, you rat. They weren't even moving now, the little broad was short and seemed to be hanging down from Skinny, he must be feeling her up like crazy, that's the limit, and he imagined Santiago's voice, aren't you sleepy? strained and weak and kind of choked, didn't she want to lie down?, bring her over he thought. They were next to him, Amalia was dancing like a sleepwalker, her

subían, bajaban, desaparecían en la espalda de ella y Popeye no distinguía sus caras, la estaba besando y él en palco, qué tal concha, sírvanse niños.

– Les traje estas cañitas, también – dijo Amalia –. Así toman ustedes ¿no?

– Para qué te has molestado – dijo Santiago –. Si ya nos íbamos.

Les alcanzó las Coca-colas y las cañitas, arrastró una silla y se sentó frente a ellos; se había peinado, se había puesto una cinta y abotonado la chompa y los miraba beber. Ella no tomaba nada.

– No has debido gastar así tu plata, sonsa – dijo Popeye.

– No es mía, es la que me regaló el niño Santiago – se rió Amalia –. Para hacerles una atención siquiera, pues.

La puerta de calle estaba abierta, afuera comenzaba a oscurecer y se oía a veces y a lo lejos el paso del tranvía. Trajinaba mucha gente por la vereda, voces, risas, algunas caras se detenían un segundo a mirar.

– Ya están saliendo de las fábricas – dijo Amalia –. Lástima que el laboratorio de su papá no esté por aquí, niño. Hasta la avenida Argentina voy a tener que tomar el tranvía y después ómnibus.

– ¿Vas a trabajar en el laboratorio? – dijo Santiago.

– ¿Su papá no le contó? – dijo Amalia –. Sí, pues, desde el lunes.

Ella estaba saliendo de la casa con su maleta y encontró a don Fermín, ¿quieres que te coloque en el laboratorio?, y ella claro que sí, don Fermín, donde sea, y entonces él llamó al niño Chispas y le dijo telefonea a Carrillo y que le dé trabajo: qué papelón,[43] pensó Popeye.

– Ah, qué bien – dijo Santiago –. En el laboratorio seguro estarás mejor.

Popeye sacó su cajetilla de Chesterfield, ofreció un

eyes were shut, Skinny's hands went up, down, disappeared into her back and Popeye couldn't make out their faces, he was kissing her and he had a front row seat, that's the limit, help yourselves, children.

'I brought you these straws, too,' Amalia said. 'That's the way you drink, isn't it?'

'Why did you bother,' said Santiago. 'We were about to leave, anyhow.'

She fetched the Coca-colas and the straws for them, she pulled up a chair and sat in front of them; she had combed her hair, she had put on a ribbon and buttoned her jumper and was watching them drink. She wasn't having anything herself.

'You shouldn't have spent your money like that, silly,' said Popeye.

'It's not mine, it's what Santiago gave me,' Amalia laughed. 'Well, just to show some hospitality at least.'

The street door was open, it was beginning to grow dark outside and sometimes you could hear voices and the tramway going by in the distance. Many people went by on the pavement, voices, laughter, some faces stopping for a second to take a look.

'They're already coming out of the factories,' Amalia said. 'It's a pity your dad's laboratory isn't around here. I'll have to take the tram as far as Argentina Avenue and then the bus.'

'Are you going to work at the laboratory?' Santiago said.

'Didn't your dad tell you?' Amalia said. 'Well, yes, starting Monday.'

She was leaving the house with her suitcase and she ran into Don Fermín, do you want me to give you a job at the laboratory?, and she said yes of course, Don Fermín, anywhere, and then he called Mr Chispas and told him to phone Carrillo and have him give her a job: what fools we must look, thought Popeye.

'Oh, how nice,' Santiago said. 'You'll really be better off at the laboratory.'

Popeye took out his pack of Chesterfields, offered Santiago

cigarrillo a Santiago, dudó un segundo, y otro a Amalia pero ella no fumaba, niño.

– A lo mejor sí fumas y nos estás engañando como el otro día – dijo Popeye –. Nos dijiste no sé bailar y sabías.

La vio palidecer, no pues niño, la oyó tartamudear, sintió que Santiago se revolvía en la silla y pensó metí la pata. Amalia había bajado la cabeza.

– Es una broma – dijo, y las mejillas le ardían –. De qué te vas a avergonzar, ¿acaso pasó algo, sonsa?

Ella fue recobrando sus colores, su voz: no quería ni acordarse, niño. Qué mal se había sentido, al día siguiente todavía se le mezclaba todo en la cabeza y las cosas le bailaban en las manos. Alzó la cara, los miró con timidez, con envidia, con admiración: ¿a ellos las Coca-colas nunca les hacían nada? Popeye miró a Santiago, Santiago miró a Popeye y los dos miraron a Amalia: había vomitado toda la noche, no volvería a tomar Coca-cola nunca en su vida. Y, sin embargo, había tomado cerveza y nada, y Pasteurina y tampoco, y Pepsi-cola y tampoco, ¿esa Coca-cola no estaría pasadita, niño? Popeye se mordió la lengua, sacó su pañuelo y furiosamente se sonó. Se apretaba la nariz y sentía que el estómago le iba a reventar: se había terminado el disco, ahora sí, y sacó rápido la mano del bolsillo de su pantalón. Ellos seguían fundidos en la media oscuridad, vengan vengan, siéntense un ratito, y oyó a Amalia: ya se había acabado pues la música, niño. Una voz difícil, por qué había apagado la luz el otro niño, aleteando apenas, que la prendieran o se iba, quejándose sin fuerzas, como si un invencible sueño o aburrimiento la apagara, no quería a oscuras, así no le gustaba. Eran una silueta sin forma, una sombra más entre las otras sombras del cuarto y parecía que estuvieran forcejeando de a mentiras entre el velador y la cómoda. Se levantó, se les acercó tropezando, ándate al jardín pecoso, y él qué tal raza, chocó con algo, le dolió el tobillo, no se iba, tráela a la cama, suélteme niño. La voz de Amalia ascendía, qué le pasa niño, se enfurecía, y ahora

a cigarette, hesitated a second, and another to Amalia but she didn't smoke.

'You probably do smoke and you're fooling us like the other day,' said Popeye. 'You told us I don't know how to dance and you did know.'

He saw her turn pale, well no sir, he heard her stammer, he felt Santiago shifting around in his chair and he thought I put my foot in it. Amalia had lowered her head.

'It's a joke,' he said, and his cheeks were on fire. 'What should you be ashamed of, silly, as if anything happened.'

She gradually recovered her colour, her voice: she didn't want to remember. She had felt so sick, everything still got mixed up in her head the next day and things wobbled in her hands. She lifted her face, looked at them shyly, with envy, with admiration: didn't Coca-colas ever do anything to them? Popeye glanced at Santiago, Santiago glanced at Popeye and the two of them glanced at Amalia: she had vomited all night long, she would never drink a coke again in her life. And yet she had drunk beer and nothing happened, and Pasteurina and nothing either, and Pepsicola and nothing either, that Coca-cola hadn't gone bad, had it? Popeye bit his tongue, took out his handkerchief and blew his nose furiously. He held his nose and felt that his stomach was about to burst: the record had ended, now was the time, and he took his hand out of his trouser pocket quickly. They were still merged into the semi-darkness, come on, come on, sit down a little bit, you two and he heard Amalia: well the music had already stopped. A strained voice, why had the other young gentleman switched off the light, a voice barely fluttering, they were to turn it on or she would leave, protesting weakly, as if an invincible drowsiness or boredom were overcoming it, she didn't want darkness, she didn't like it that way. They were one shapeless mass, one more shadow among the other shadows in the room and it looked as if they were only make-believe scuffling between the bedside table and the chest of drawers. He got up, stumbled over toward them, go out into the garden Freckles, and he, this beats all, he banged into something, his ankle hurt, he

Popeye había encontrado sus hombros, suélteme, que la soltara, y la arrastraba, qué atrevido, qué abusivo, los ojos cerrados, la respiración briosa y rodó con ellos sobre la cama: ya estaba, flaco. Ella se rió, no me haga cosquillas, pero sus brazos y sus piernas seguían luchando y Popeye angustiosamente se rió: sal de aquí pecoso, déjame a mí. No se iba, por qué se iba a ir, y ahora Santiago empujaba a Popeye y Popeye lo empujaba, no me voy a ir, y había una confusión de ropas y pieles mojadas en la sombra, un revoloteo de piernas; manos, brazos y frazadas. La estaban ahogando, niño, no podía respirar: cómo te ríes, bandida. Quítese, que la soltaran, una voz ahogada, un jadeo entrecortado y animal, y de pronto chist, empujones y grititos, y Santiago chist, y Popeye chist: la puerta de calle, chist. La Teté, pensó, y sintió que su cuerpo se disolvía. Santiago había corrido a la ventana y él no podía moverse: la Teté, la Teté.

— Ahora sí nos vamos, Amalia — Santiago se paró, dejó la botella en la mesa —. Gracias por la invitación.

— Gracias a usted, niño — dijo Amalia —. Por haber venido y por eso que me trajo.

— Anda a la casa a visitarnos — dijo Santiago.

— Claro que sí, niño — dijo Amalia —. Y salúdela mucho a la niña Teté.

— Sal de aquí, párate, qué esperas — dijo Santiago —. Y tú arréglate la camisa y péinate un poco, idiota.

Acababa de encender la lámpara, se alisaba los cabellos, Popeye se acuñaba la camisa en el pantalón y lo miraba, aterrado: salte, salte del cuarto. Pero Amalia seguía sentada en la cama y tuvieron que alzarla en peso, se tambaleó con expresión idiota, se sujetó del velador. Rápido, rápido, Santiago estiraba el cubrecama y Popeye corrió a desenchufar el tocadiscos, sal del cuarto idiota. No atinaba a moverse, los escuchaba con los ojos llenos de asombro y se les escurría de las manos y en eso se abrió la puerta y ellos la

wasn't going out, bring her to the bed, let me go sir. Amalia's voice was becoming shriller, what's the matter with you sir, she was getting furious, and now Popeye had found her shoulders, let me go, he was to let her go, and he was dragging her, how forward, what a nerve, her eyes closed, her breathing quickened and she rolled on to the bed with them: this is it, Skinny. She laughed, don't tickle me, but her arms and legs went on struggling and Popeye laughed anxiously: get out of here Freckles, leave me. He wasn't going, why should he go, and now Santiago was pushing Popeye and Popeye was pushing him, I'm not going, and there was a confusion of clothing and wet skin in the darkness, a free-for-all of legs, hands, arms and bedcovers. They were smothering her, she couldn't breathe: you're really laughing, you little devil. Get off, they were to let go of her, a smothered voice, an intermittent animal panting and suddenly shhh, shoves and little shrieks, and Santiago shhh, and Popeye shhh: the street door, shhh. Teté, he thought, and he felt his body turning to water. Santiago had run to the window and he couldn't budge: Teté, Teté.

'We're really going this time, Amalia,' Santiago got up, left the bottle on the table. 'Thanks for the treat.'

'Thank you,' Amalia said. 'For coming and for what you brought me.'

'Come to the house and visit us,' Santiago said.

'Yes of course,' Amalia said. 'And many regards to Miss Teté.'

'Get out of here, stand up, what are you waiting for,' said Santiago. 'And fix your shirt and comb your hair a bit, idiot.'

He had just turned on the lamp, he was smoothing down his hair, Popeye was stuffing his shirt into his trousers and staring at him, terrified: get out, get out of the room. But Amalia went on sitting on the bed and they had to lift her bodily, she stumbled with a stupid expression on her face, she held on to the bedside table. Quick, quick, Santiago was straightening the bedspread and Popeye ran over to turn off the record player, get out of the room idiot. She couldn't quite move, she was listening to them with dazed eyes and she was slipping

soltaron: hola, mamá. Popeye vio a la señora Zoila y trató de sonreír, en pantalones y con un turbante granate, buenas noches señora, y los ojos de la señora sonrieron y miraron a Santiago, a Amalia, y su sonrisa fue disminuyendo y murió: hola, papá. Vio, detrás de la señora Zoila, el rostro lleno, los bigotes y patillas grises, los ojos risueños de don Fermín, hola flaco, tu madre se desanimó de, hola Popeye, ¿estabas aquí? Don Fermín entró al cuarto, una camisa sin cuello, una casaca de verano, mocasines, y tendió la mano a Popeye: cómo está, señor.

– ¿No estás acostada, tú? – dijo la señora Zoila – Son más de las doce ya.

– Estábamos muertos de hambre y la desperté para que nos hiciera unos sandwichs – dijo Santiago –. ¿No se iban a quedar a dormir en Ancón?

– Tu madre se había olvidado que tenía invitados a almorzar mañana – dijo don Fermín –. Las voladuras de tu madre, cuándo no.

Con el rabillo del ojo, Popeye vio salir a Amalia con la charola en las manos, miraba el suelo y caminaba derechita, menos mal.

– Tu hermana se quedó donde los Vallarino – dijo don Fermín –. Total, se me malogró el proyecto de descansar este fin de semana.

– ¿Ya son las doce, señora? – dijo Popeye –. Me voy volando. No nos dimos cuenta de la hora, creí que serían las diez.

– Qué es de la vida del senador – dijo don Fermín –. Siglos que no se lo ve por el Club.

Salió con ellos hasta la calle y allí Santiago le dio una palmadita en el hombro y Popeye le hizo adiós: chau, Amalia. Se alejaron en dirección a la línea del tranvía. Entraron a «El Triunfo» a comprar cigarrillos; hervía ya de borrachines y jugadores de billar.

– Cinco libras por las puras, un papelón bestial – dijo

from their arms and just then the door opened and they let go of her: hello, mom. Popeye saw Señora Zoila and tried to smile, wearing trousers and a deep red turban, good evening ma'am, the lady's eyes smiled and looked at Santiago, at Amalia, and her smile gradually shrivelled and died out: hello, dad. Behind Señora Zoila he saw the full face, the moustaches and grey sideburns, the smiling eyes of Don Fermín, hello Skinny, your mother decided not to, hello Popeye, so you were here? Don Fermín entered the room, a collarless shirt, a summer sports jacket, soft shoes, and held out his hand to Popeye: how are you, sir.

'Aren't you in bed?' Señora Zoila said. 'It's after twelve already.'

'We were dying of hunger, and I woke her up so she could make us some sandwiches,' said Santiago. 'Weren't you people going to stay the night in Ancón?'

'Your mother had forgotten she had guests for lunch tomorrow,' said Don Fermín. 'Your mother's lapses, as usual.'

Out of the corner of his eye, Popeye saw Amalia leaving with the tray in her hands, she was looking at the floor and walking straight, thank God.

'Your sister stayed at the Vallarinos',' Don Fermín said. 'In short, my plans for a restful weekend went down the drain.'

'Is it twelve already, ma'am?' Popeye said. 'I'll have to run. We lost track of the time, I thought it was around ten.'

'How are things with the senator,' said Don Fermín. 'Years since he's been seen round at the club.'

She went out as far as the street with them and there Santiago gave her a little pat on the shoulder and Popeye waved good-bye: 'bye, Amalia. They moved off towards the rails of the tramway. They went into 'The Triumph' to buy cigarettes; it was crawling with drunks and billiard players.

'Five *libras* gone to waste, what a daft thing to do,' said

Popeye –. Resulta que le hicimos un favor a la chola, ahora tu viejo le dio un trabajo mejor.

– Aunque sea, le hicimos una chanchada[44] – dijo Santiago –. No me arrepiento de esas cinco libras.

– No es por nada, pero estás tronado – dijo Popeye –. ¿Qué le hicimos? Ya le diste cinco libras, déjate de remordimientos.

Siguiendo la línea del tranvía, bajaron hasta Ricardo Palma, y caminaron fumando bajo los árboles de la alameda, entre filas de automóviles.

– ¿No te dio risa cuando dijo eso de las Coca-colas? – se rió Popeye –. ¿Tú crees que es tan tonta o se hacía? No sé cómo pude aguantarme, me orinaba de risa por adentro.

– Te voy a hacer una pregunta – dice Santiago –. ¿Tengo cara de desgraciado?

– Y yo te voy a decir una cosa – dijo Popeye –. ¿Tú no crees que nos fue a comprar las Coca-colas de puro sapa?[45] Como descolgándose, a ver si repetíamos lo de la otra noche.

– Tienes la mente podrida, pecoso – dijo Santiago.

– Pero qué pregunta – dice Ambrosio –. Claro que no, niño.

– Está bien, la chola es una santa y yo tengo la mente podrida – dijo Popeye –. Vamos a tu casa a oír discos, entonces.

– ¿Lo hiciste por mí? – dijo don Fermín –. ¿Por mí, negro? Pobre infeliz, pobre loco.

– Le juro que no, niño – se ríe Ambrosio –. ¿Se está haciendo la burla de mí?

– La Teté no está en la casa – dijo Santiago –. Se fue a la vermouth[46] con amigas.

– Oye, no seas desgraciado, flaco – dijo Popeye –. ¿Me estás mintiendo, no? Tú me prometiste, flaco.

– Quieres decir que los desgraciados no tienen cara de desgraciados, Ambrosio – dice Santiago.

Popeye. 'It turns out that we did the girl a favour, now your old man has given her a better job.'

'That may be so, but we played a dirty trick on her,' said Santiago. 'I'm not sorry about the five *libras*.'

'Don't get me wrong, but you've gone out of your mind,' said Popeye. 'What did we do to her? You gave her five *libras*, stop feeling sorry.'

Following the tramway tracks, they went down to Ricardo Palma and walked along smoking under the trees lining the avenue, between rows of cars.

'Didn't you feel like laughing when she said that thing about Coca-colas?' Popeye laughed. 'Do you think she's that stupid or was she putting it on? I don't know how I contained myself, I almost peed trying to keep myself from laughing.'

'I'm going to ask you a question,' Santiago says. 'Do I look like a bastard?'

'And I'm going to tell you something,' said Popeye. 'Don't you think when she went to get us the cokes that was just a hint? Like she was leading us on, to see if we repeated the same thing as the other night.'

'You've got a filthy mind, Freckles,' said Santiago.

'What a question,' Ambrosio says. 'Of course not, sir.'

'All right, the girl is a saint and I've a filthy mind,' said Popeye. 'Let's go to your house and listen to records, then.'

'You did it for my sake?' said Don Fermín. 'For me, nigger? You poor sap, you poor crazy fool.'

'I swear you don't, sir,' Ambrosio laughs. 'Are you making fun of me?'

'Teté isn't at home,' said Santiago. 'She went to the afternoon show with some girl friends.'

'Listen, don't be a bastard, Skinny,' Popeye said. 'You're lying to me, aren't you? You promised me, Skinny.'

'You mean to say that bastards don't look like bastards, Ambrosio,' says Santiago.

.

THE THUNDERBOX

JORGE ONETTI

Translated by Gudie Lawaetz

EL GARGAJERO[1]

– Marcial, que en paz descanse, estaba siempre inquieto por el porvenir – dijo la vieja lechuza[2] ajustándose la mantilla sobre los hombros. Luego de esto, tanto ella como la anciana colorida que la visitaba, guardaron silencio.

Un reverbero, que iluminaba el retrato adusto del General Marcial Focilón, acentuaba la penumbra de la sala.

El General había muerto. Pero el orden de su hogar perduraba y su reloj marino seguía palpitando no más regular ni preciso que, anteriormente, el reposado corazón de su dueño.

– Nuestro médico y amigo, el doctor Descuret – agregó la lechuza – atribuía esa inquietud a lo que llamaba «su constitución bilioso-nerviosa» acentuada en sus últimos días.

– Ah – suspiró la otra – pero qué excelente marido debe de haber sido don Marcial.

– Un jaspe, una monada.[3]

– Aunque un hombre muy ... personal; eso, – se aventuró a decir la visita. – Supongo Memé que ahora sacarán la garita del jardín.

– ¿Cuál garita, Emilia?

– Ese cuchitril donde montaría guardia un soldado. Aunque yo nunca vi a nadie en él.

Memé se revolvió en su sillón. Luego recobró el aplomo y dijo con suficiencia:

– Emilia, eso no es una garita, por favor.

– ¿Y qué es entonces?

– Bueno ... Linda esposa de Barba Azul hubiera sido usted, de haberse casado, claro.

– No tema llamarme directamente: curiosa. Es un defecto bien femenino al fin y al cabo, – concluyó con una risita dura.

THE THUNDERBOX

'Marcial, God rest his soul, was always worrying about the future,' said the old crone, straightening the shawl on her shoulders. Whereupon both she and the rouged old woman visiting her sat in silence.

A street-lamp shedding its light on the stern portrait of General Marcial Focilón emphasized the twilight gloom of the parlour.

The General had died. But order reigned on in his home, and the clockwork of his repeater throbbed on with no greater regularity and precision than did formerly the heart of its owner, now laid to rest.

'Our doctor and friend, Dr Descuret,' the crone went on, 'ascribed this anxiety to what he called "his neuro-bilious constitution", which became intensified at the end of his life.'

'Ah,' sighed the other, 'but what an excellent husband Don Marcial must have been.'

'A gem, a darling.'

'Though he was rather . . . unusual, that's it,' hazarded the visitor. 'I suppose, Memé, that now they'll take away that sentry-box in the garden.'

'What sentry-box, Emilia?'

'That hut where there might be a soldier standing guard. Although I've never seen anyone inside.'

Memé shifted about in her armchair. Then she recovered her composure and said rather coolly:

'Please, Emilia, that is not a sentry-box.'

'What is it, then?'

'Well. . . . A nice wife you'd have made for Bluebeard, if you'd ever married, that is.'

'Don't be afraid of calling me a busybody straight out. It's a very feminine fault after all,' she ended with a harsh chuckle.

– Bien, ya que se empeña en saberlo – dijo la lechuza al tiempo que ofrecía a Emilia un plato con galletitas – se trata de un gargajero.

– Por favor, Memé, seré curiosa pero maleducada, no, – se frunció el raído colorinche –. Perdóneme si con mi curiosidad molesté de algún modo a usted o a la memoria de su finado; pero no fue esa mi intención. Si no desea contestarme está en su derecho pero no me responda con invenciones de dudoso buen gusto.

– La comprendo perfectamente. Comprendo que no comprenda: Usted no sabe lo que es un hombre. Desconoce sus manías y sus costumbres.

– Memé, he tenido padre y tengo hermanos. No soy ya pupila de las Domínicas.

– Oh – suspiró la lechuza – es diferente.

Sólo se oía el pulsar del reloj marino sobre los apagados ruídos del crepúsculo. Luego tintineó la licorera sobre las dos copitas al rellenarlas de Oporto.

– Y un militar – agregó Memé – es más diferente todavía.

– Por cierto. De ahí que mencionara sólo al pasar el . . . la garita esa. Pero comprenda que no he querido ser impertinente. Olvidemos todo esto.

– ¿Olvidar? A nuestra edad el olvido es un lujo; es como dejar de existir. Yo quiero recordar toda mi vida y mi vida es Marcial. No. No hubo impertinencia alguna; no. Puedo hablar de él. Necesito hablar de él y de sus cosas aunque me sea necesario aludir a esos aparatos o construcciones que usted en su curiosidad, en su ingenuidad, magnífica, – explicó Memé y emitió sollozos blandos.

– No lo tome así, por favor, no tenga en cuenta lo que he dicho sin pensar. Aunque, si el recordar es un alivio para usted . . . para su dolor.

– Sí. Dije muy bien: un militar es más diferente, – afirmó Memé reponiéndose. – Es diferente a un hermano. Algo muy distinto a un hombre. Quiero decir: a un hombre de los que usted ha tratado.

'Very well then, since you're so determined to find out,' said the crone as she offered Emilia a plate of little biscuits. 'It happens to be a thunderbox.'

'Please, Memé, I may be curious but uncouth I am not,' the streaky rouge puckered, 'Forgive me if by my curiosity I have upset you in some way or the memory of your dear departed; but that was not my intention. If you don't wish to answer my question you have every right not to, but don't answer me with inventions in dubious taste.'

'I understand you perfectly. I understand that you don't understand: you don't know what men are like. You have no idea of their oddities and their habits.'

'Memé, I have had a father and I have brothers. I'm no longer a girl at convent school.'

'Oh,' sighed the crone, 'it's different.'

Only the ticking of the repeater was heard above the muted sounds of twilight. Then the decanter tinkled against the two little glasses as they were filled up with port.

'And a military man,' added Memé, 'is even more different.'

'Quite. That's what made me just mention in passing the . . . that sentry-box. But please understand that I didn't mean to be impertinent. Let's forget all about it.'

'Forget? At our age it's a luxury to forget; it's like no longer existing. I want to remember all of my life and my life is Marcial. No. There was no impertinence; not at all. I can talk about him. I need to talk about him and his ways even though I have to allude to those appliances or contraptions which, because of your curiosity, your candour, you magnify,' Memé explained, softly sobbing.

'Don't take it that way, please, take no notice of what I said without thinking. Though, if you find remembering relieves you . . . relieves your sorrow.'

'Yes. As I was saying: a military man is even more different,' asserted Memé, composing herself. 'Different from a brother. Something quite distinct from a man. I mean: from the kind of men you have known.'

– Dejo de comprenderla, Memé. No se de qué me está hablando ya.

– Su padre, ¿tenía gargajero?

– No.

– Sus hermanos, ¿tienen?

– No, no.

– Esa es una de las diferencias que quiero hacerle notar. Todo los militares lo usan. Marcial me lo dijo.

– Pues mi primo . . .

– Su primo es de aeronáutica. Estamos hablando de militares; de militares de caballería, con todo lo que eso significa. En cuanto a la aeronáutica, no diré que son advenidizos pero tengo mi opinión bien formada.

Las damas callaron, inmóviles, sumergidas en los cristales diáfanos del crepúsculo.

Finalmente, dijo la lechuza con una sonrisa de picardía:

– Marcial no me amaba sólo a mí. Tuve que compartirlo con su otra gran pasión: la regularidad. Marcial amaba el orden, sus días transcurrían como un collar de gotas de agua.

Con cierto divismo, dedicó un silencio para la última frase y agregó en un tono más animado:

– El doctor Descuret solía bromear al respecto. Cuando venía a verlo por la presión, sonreía y lo saludaba: «Veamos cómo anda hoy nuestro *homme à la minute*».

– Era, en verdad, un apodo muy atinado. Sí. Figúrese usted que durante los cincuenta años de nuestro matrimonio, fuera invierno o verano, estuviera sano o indispuesto, Marcial se levantó invariablemente a las seis en punto.

Ya la penumbra había entrado en la habitación y las dos mujeres se diluían en el tapizado de los sillones, fuera de tiempo, degustando el pasado con oporto, hundidas en una equívoca dulzura.

– A las seis y media – siguió la lechuza – ya estaba en el cuarto de baño. Se depilaba la barba para no tener que

'I don't follow you, Memé. I don't know any more what you're talking to me about.'

'Did your father have a thunderbox?'

'No.'

'And your brothers, do they?'

'No, no.'

'That's one of the differences I want to make you appreciate. All military men use them. Marcial told me.'

'Well, my cousin . . .'

'Your cousin is in the air force. We're talking about soldiers; cavalrymen, with all that implies. As for the air force, I won't say they're upstarts, but I've got very definite thoughts on the matter.'

The ladies fell silent, sitting quite still, immersed in the dusky transparency of the window-panes.

Eventually, the old crone said with a roguish smile:

'Marcial did not love only me. I had to share him with his other great passion: regularity. Marcial loved order; his days went by like a string of raindrops.'

Somewhat theatrically, she allowed a silence to enhance her final sentence, and then she added, in a more lively tone:

'Doctor Descuret used to tease him about it. Whenever he came to see him about his blood-pressure he would smile and greet him saying: 'Let's see how our *homme à la minute* is doing today.'

'It really was a most suitable nickname. Yes indeed. Imagine that throughout the fifty years of our marriage, be it winter or summer, be he healthy or unwell, Marcial would invariably get up at six o'clock sharp.'

By now the twilight had entered the room and the two women dissolved against the chair-covers, beyond time, savouring the past over a glass of port, and plunged in an ambiguous languor.

'By half-past six,' continued the crone, 'he would already be in the bathroom. He plucked his beard so as not to have to

afeitarse y se lavaba en una palangana pues había adquirido ese hábito en campaña, durante las maniobras.

— Usaba dos grandes jarras enlosadas. La de flores celestes lo surtía de agua para la cara durante una semana. Cada lunes, esa agua iba a parar a la jarra del angelito y estaba destinada al lavado de manos, también por siete días. Todos los lunes, invariablemente, el agua del angelito servía para regar las plantas.

— Yo siempre luché porque usara el agua corriente, le hablé de la higiene y busqué como aliado al doctor Descuret. Pero todo fue inútil: se mostró fanático en cuanto a ese hábito.

— Todas las mañanas, luego que Marcial se hubo lavado y vestido, rezábamos en común. Después tomábamos mate.[4] Sorbido el quinto mate, mi fijado esposo se dirigía hacia el gargajero.

— Allí, según lo favoreciera la fortuna, aguardaba media hora – y hasta una hora completa – que se le produjera una espectoración benéfica.

— Sólo cuando había obtenido lo que deseaba – y era así de tesonero en todas sus actividades – salía alborozado del gargajero para ir a encerrarse en su gabinete, donde hay una gran mesa con colinas de pasta de papel, ríos de espejo, y allí practicaba su estrategia con regimientos de plomo. Eso le llevaba, exactamente, tres cuartos de hora.

— De la estrategia, partía inmediatamente para la iglesia y luego al cuartel. Volvía quince minutos antes del almuerzo. Leía cinco minutos «La Nación» y, los diez minutos restantes, los destinaba a hacer lugar a la comida.

— A continuación se sentaba a la mesa y sacaba del bolsillo superior de la izquierda de su chaqueta un pedacito de papel que utilizaba para preservar los manteles de las manchas que pudiera hacerle el tenedor.

— ¡Qué monada! Así da gusto estar casada, – suspiró Emilia.

— Sí, querida. En ese sentido Marcial fue siempre muy

shave and he washed in a bowl, a habit he'd acquired on campaign, during manoeuvres.

'He used two large glazed earthenware jugs. The one with the blue flowers he filled with water to wash his face in for a week. Every Monday, that water ended up in the jug with the cherub and was set aside for him to wash his hands in, again for seven days. Every Monday, without fail, the water of the cherub would be used for watering the plants.

'I always strove to make him use running water, I've spoken to him about hygiene and sought Doctor Descuret as my ally. But none of it was any use: he proved fanatic about this habit.

'Every morning, as soon as Marcial had washed and dressed, we would pray together. Then we'd have some *mate*. Having sipped his fifth *mate*, my steadfast husband would make his way towards the thunderbox.

'There, depending on how fortune favoured him, he would wait half an hour – and even as long as a whole hour – for a beneficial expectoration to occur.

'Only when he had achieved what he wanted – and he was that persistent in everything he did – he would emerge cheerfully from the thunderbox and shut himself into his study, where there's a large table with hills of papier maché, rivers of mirror-glass, and that's where he would practise his strategy with regiments of lead toy soldiers. That would take him exactly three quarters of an hour.

'From the strategy he'd go off straightaway to church and then to the barracks. He'd come back fifteen minutes before lunch. He'd spend five minutes reading *La Nación* and the remaining ten minutes he'd use to make room for his meal.

'After that he'd sit down at the table and take out of the top pocket in the left side of his jacket the small piece of paper he used to protect the tablecloth against any stains the fork might make.'

'How sweet. That way it's a pleasure to be married,' sighed Emilia.

'Yes, my dear. In that sense Marcial was always most

considerado. Llevaba su esmero hasta el punto de que, a los tres días de servicio, ponía fecha a los papelitos y los guardaba en su mesa de luz para otro uso.

– No hacía siesta. No bien concluía el almuerzo salía a dar una caminata por el rosedal[5] de acá enfrente. Hiciera el tiempo que hiciera, iba al rosedal y siempre al rosedal. Cuando regresaba de su caminata me leía algún libro, sus discursos o arengas que se aprendía de memoria. Yo, mientras tanto, realizaba labores[6] hasta la hora de la cena.

– Jamás dejó de acostarse a las nueve. Estaba tan absolutamente convencido de que a aquella hora toda la gente debía estar acostada que muchas veces nuestros sobrinos, los hijos de la Beba, dieron bailes en casa hasta medianoche – cuando venían a pasar las vacaciones – sin que el pobre Marcial llegara a sospechar nada.
– Se ha murmurado de él que no tenía corazón. Lo sé. Y sé también que la calumnia se originó cuando la muerte de su madre. Pero ¿no fue acaso su propia madre quien lo educó de ese modo tan ordenado?
– Cuando su madre se puso mala, la cuidó escrupulosamente, con esa puntualidad tan suya. Empeoró mi suegra un viernes a las ocho de la noche. Marcial la atendió con la solicitud de costumbre pero, al llegar las nueve menos cinco, se preparó para irse a la cama luego de autorizarme a que lo despertara no bien comenzase la agonía.

– Lo habré llamado a las once menos cuarto. Se levantó, se vistió, se peinó, fue hasta el lecho de su madre, la invitó a hacer a Dios el sacrificio de su vida y le recitó las oraciones para los agonizantes.
– Yo estaba muy abatida y Marcial tuvo fuerzas para consolarme: «Todo esto – me dijo con su envidiable lógica – tenía que suceder porque mi pobre madre tiene mucha edad y es regular que la enfermedad preceda a la muerte».

considerate. He carried his punctiliousness so far that after they'd been in service for three days, he'd put a date on the little pieces of paper and put them away in his bedside table for another purpose.

'He never took a siesta. As soon as lunch was over, he'd go out for a stroll around the rose-garden opposite here. Whatever the weather, he'd go to the rose-garden and always to the rose-garden. When he returned from his walk he used to read aloud to me from some book, his own speeches or some harangues he learned by heart. Meanwhile, I would be doing some needle-work until suppertime.

'He never once failed to go to bed at nine o'clock. He was so absolutely convinced that everybody was bound to be in bed at that time, that our nephews, Beba's children, have many times organized dances here in this house – when they came to spend their holidays – without poor Marcial ever suspecting a thing.

'It's been whispered about him that he had no heart. I know that. And I also know that the calumny first arose with the death of his mother. But wasn't it in fact his own mother who brought him up to be so methodical?

'When his mother fell ill, he nursed her scrupulously, with that punctiliousness so characteristic of him. My mother-in-law got worse one Friday at eight o'clock in the evening. Marcial looked after her with his usual solicitude, but when it was five minutes to nine, he got ready to go to bed after having authorized me to wake him up as soon as the death-throes started.

'I must have called him at a quarter to eleven. He got up, got dressed, combed his hair, went to his mother's bedside, told her to offer up her life in sacrifice to God and began to intone the prayers for the dying.

'I was very downcast and Marcial had the strength to console me: "All that," he said with his enviable logic, "had to happen because my poor mother is very old and it is normal for sickness to be the forerunner of death."

– Su madre murió poco antes de medianoche y, no había terminado el día, que ya estaba Marcial de nuevo acostado y durmiendo de acuerdo a la ordenada educación que le diera, en vida, la difunta. ¿Qué mejor homenaje a una madre?

– ¡Ay! A mi Marcial puede decirse que lo mataron los golpes. Cuando sus compañeros de armas empezaron con el golpismo, solicitó el retiro. Y no era para menos. Él, acostumbrado a una vida espartana y ordenada, era importunado para reuniones que comenzaban a cualquier hora y no terminaban nunca. Antes de que sus compañeros lo tomaran por lo que no era, consiguió el retiro.

– Esto perjudicó de todos modos su salud. Estando en retiro, Marcial siguió cumpliendo con su estricto horario. Sin embargo, ya el tiempo le sobraba y lo he visto esperar en la puerta de la calle, con un frío tremendo, que fuera la hora de llegar a casa. Se negaba a entrar un minuto antes ni un minuto después.

– Tome otra copita, querida. Como usted lo habrá advertido, era reacio a recibir visitas. «En primer lugar, – explicaba –, porque uno no puede adivinar quién es el que llama; en segundo lugar, porque dejándole entrar, los pies emporcarían el piso; y en tercer lugar, porque para hacerles sentar sería preciso destruir el arreglo simétrico de las sillas».

– Pero lo fatal fue que su orden no se limitaba a lo doméstico, sino que le preocupaban los asuntos políticos y, desde 1958, entreveía próximo uno de esos grandes desórdenes sociales vulgarmente llamados revoluciones. Testigo y actor forzado de los hechos del 45, no estaba dispuesto a soportar una segunda borrasca.

– Por tal razón, fue a puente Alsina desde donde se tiró al río, después de haber escrito su nombre y jerarquía en una tarjeta de visita que tuvo el cuidado de envolver en un tafetán engomado. De este hecho desesperado me enteré confidencialmente por medio del doctor Descuret. Me alertó sobre la acentuación de su temperamento bilioso-nervioso

'His mother died a little before midnight and before that day was out, Marcial was once more in bed and asleep, faithful to the well-regulated upbringing he had received from the deceased in her lifetime. What better homage to a mother?

'Oh! My poor Marcial, one can really say that it was the coups that killed him. When his comrades-in-arms started with the coups d'état, he asked to be retired. There was nothing else he could do. He, who was used to leading a Spartan and regular life, was being pestered to attend meetings which started at any old time and never ended. Before his comrades mistook him for what he was not, he obtained his retirement.

'Anyway, that did impair his health. In retirement, Marcial went on following his strict schedule. However, he had too much time then, and I have seen him wait by the front door in the terrible cold for it to be time to come home. He refused to come in a minute early or a minute late.

'Do have another glass, my dear. As you may have realized, he was reluctant to receive visitors. "In the first place," he explained, "because one cannot guess who it might be calling at the door; secondly, because if one lets them come in, their feet dirty the floor; and thirdly, because to seat them it would be necessary to spoil the symmetrical arrangement of the chairs."

'But what was fatal was that his passion for order was not restricted to domestic matters; he was worried about politics, and ever since 1958 he could see one of those great social disorders coming, which are commonly called revolutions. Having witnessed and been obliged to participate in the events of '45, he was not prepared to put up with a second storm.

'That is why he went to the Alsina bridge from which he threw himself into the river, after having written his name and rank on a visiting card which he had taken care to wrap in oiled silk. I was told of this act of despair in confidence by Dr Descuret. He warned me of the exacerbation of his neurobilious temperament and told me how Marcial had been

y me narró que Marcial fue sacado del agua al instante de su caída por unos boteros que lo revivieron.

– Se hizo acompañar a casa de un amigo con el fin de no apesadumbrarme y, sobre todo, para evitar una destitución si se llegaba a divulgar la noticia.

– Luego de este desgraciado hecho, no quedó Marcial muy bien. No se repuso. Se mostraba taciturno, apesadumbrado. Por ese entonces reformó el mausoleo de la Recoleta para él y para mí, cercándolo con rejas de hierro y mandando grabar los epitafios sin las fechas de fallecimiento.

– Dios me perdone, pero no estaba en sus cabales. Cierto día fue a visitar nuestro mausoleo y creyó encontrar en la placa una inscripción que lo ridiculizaba. Para mí, se trataba de algún chiquilín que ni siquiera sabía de la existencia de Marcial, pero él lo tomó muy a pecho.

– Figurándose que el cartel era obra de esos subversivos que todavía andan sueltos, pasó una semana redactando circulares a los periódicos y proyectos de ley para defender la democracia. Pero, finalmente, renunció a todo con valentía «para no agregar una perturbación más a las que ya viene sufriendo la Patria», dijo.

– Tan patriótico renunciamiento que lo llevó a anteponer los intereses de la Nación por sobre la conveniencia personal, puede decirse que fue otra de las razones que le costaron la vida.

– Las desgracias, querida, es bien sabido que no vienen solas. Su orgullo sufrió otro golpe. Estaba tan abatido que el doctor Descuret le aconsejó un poco de distracción: «Vamos, vamos hombre. No agrega nada a la virtud la carencia de vicios. Échese una canita al aire[7]». – Lo instaba mientras cambiaba conmigo una mirada de inteligencia para que yo secundara sus planes.

– Tanto hicimos que al fin Marcial decidió acceder y aceptó concurrir a una recepción en honor de un lord del Almirantazgo. Este señor, si bien todo un caballero, no podía sustraerse del célebre humor de su raza, según

hauled out of the water the moment he had fallen by some boatmen who revived him.

'He asked to be accompanied to the house of a friend so as not to upset me and above all to avoid dismissal if the news were to get out.

'After that unfortunate incident, Marcial was not very well. He never recovered. He appeared taciturn and mournful. At about that time he converted the mausoleum of the Recoleta for himself and for me, fencing it in with iron railings and ordering the epitaphs to be engraved without the dates of death.

'God forgive me, but he was not in his right mind. One day he went to visit our mausoleum and thought he'd found on the plaque an inscription ridiculing him. To me it looked like some child's doing, who didn't even know of Marcial's existence, but he took it very much to heart.

'Imagining that the inscription had been the work of those subersives who are still at large, he spent a week composing circulars to newspapers and bills in defence of democracy. But eventually he bravely renounced everything "in order not to add yet another commotion to those the Fatherland is suffering from already", he said.

'Such patriotic renunciation, which made him put the interests of the Nation before his own interest, may be said to have been another of the factors which cost him his life.

'It's well known, my dear, that misfortunes never come one at a time. His pride received another blow. He was so depressed that Dr Descuret prescribed some amusement: "Come on, my good man. The absence of vices adds nothing to virtue. Enjoy yourself a little." He urged him on, while exchanging with me a knowing look so that I would endorse his plans.

'We made such a fuss that Marcial finally decided to give in and agreed to go to a reception in honour of a Lord of the Admiralty. This man, though every inch a gentleman, found it impossible not to indulge in the famous sense of humour of

Descuret, aunque para mí todo fue simplemente falta de tacto.

– Este señor Almirante le preguntó a Marcial, con toda amabilidad, en cuáles batallas había ganado las condecoraciones que ostentaba. «Somos una nación soberana pero pacífica», – respondió mi marido –. «No hemos mantenido guerras desde hace años ni queremos mantenerlas. Mis méritos se lograron en batallas de paz». Esto me lo contó con aplomo pero debe de haberse sentido muy molesto.

– Todo hubiera quedado así de no haber estado presente un periodista – «uno de esos sujetos que no saben otra cosa que escribir», como decía Marcial –. Al otro día un matutino tituló: «A Batallas de Paz, Campos de Pullman» y no faltó el malicioso que corriera a informar a mi marido.

– Este aluvión de contratiempos, sumado a su creciente temor de que sobreviniera otro desorden social, llevó a Marcial a una tremenda decisión: volvió a casa, luego de su habitual paseo por el rosedal, preparó un féretro de encina que se había construído él mismo, se desnudó y se voló la tapa de los sesos. ¡Dios lo tenga a su lado!

– Sobre el ataúd dejó su testamento: «Primero: que no se enciendan velas después de mi muerte; segundo: que mi cadáver sea conducido directamente a la Recoleta, sin rendírsele honores y tercero: que mi mejor amigo, Piñeirúa, compre todos los años aceite, por valor de quinientos pesos, para conservar sin orín el enrejado que cerca la tumba».

– Nuestro mausoleo es sencillo. La Patria, a quien él dedicara su vida, tal vez no le haga nunca justicia. Pero para mí, eso que usted llamó garita, es un digno monumento en honor de su vida ordenada.

Calló la vieja lechuza.

Sumida en el dulce recuerdo de su general, recreaba un mundo libre de desórdenes sociales. Su nariz brillaba con una luz rojiza dentro de la noche que había bajado hasta los jardines.

his race, according to Descuret, although as far as I'm concerned it was all quite simply tactless.

'This Lord Admiral asked Marcial, in a perfectly friendly way, in what battles he had earned the medals he wore. "We are a sovereign but a peaceful nation," replied my husband. "We have not waged any wars for years and we do not wish to. My deserts derive from peaceful battles." He told me this with assurance, but he must have been very embarrassed.

'It would all have been left at that, had there not been a journalist present – "one of those fellows who can do nothing but write", as Marcial used to say. The following day one of the morning papers carried the headline: "For Peaceful Battles, Pullman Fields", and sure enough some wag made haste to tell my husband about it.

'This quagmire of vexations, added to his growing fear of another outbreak of social disorder, induced Marcial to adopt a momentous decision: returning home, after his usual walk around the rose-garden, he made ready an oak coffin he had built himself, got undressed and blew his brains out. May God keep him by His side!

'He left his will on top of the coffin: "First: no candles are to be lit after my death; second, my body shall be conveyed directly to the Recoleta without any honours being rendered and third: my best friend, Piñeirúa, is to buy five hundred *pesos* worth of oil every year to keep the railings surrounding the grave free of rust."

'Our mausoleum is very simple. The Fatherland, to whom he dedicated his life, may never do him justice. But as I see it, the thing you called a sentry-box is a worthy monument in honour of his regular life.'

The old crone fell silent.

Absorbed in the sweet memories of her general, she recreated a world free from social disorders. Her nose was shining with a reddish light in the night which had descended on the gardens.

THE COST OF LIVING

CARLOS FUENTES

Translated by Alison Austin

EL COSTO DE LA VIDA

Salvador Rentería se levantó muy temprano. Cruzó corriendo la azotea. No calentó el bóiler. Se quitó los calzoncillos y el chubasco frío le sentó bien. Se fregó con la toalla y regresó al cuarto. Ana le preguntó desde la cama si no iba a desayunar. Salvador dijo que se tomaría un café por ahí. La mujer llevaba dos semanas en cama y su cara color de piloncillo se había adelgazado. Le preguntó a Salvador si no había recado de la oficina y él se metió un cigarrillo entre los labios y le contestó que querían que ella misma fuera a firmar. Ana suspiró y dijo:

– ¿Cómo quieren?
– Ya les dije que ahorita no podías, pero ya ves cómo son.

– ¿Qué te dijo el doctor?
Arrojó el cigarrillo sin fumar por el vidrio roto de la ventana y se pasó los dedos por el bigote y las sienes. Ana sonrió y se recargó contra la cabecera de latón. Salvador se sentó a su lado y le tomó la mano y le dijo que no se preocupara, que pronto volvería a trabajar. Los dos se quedaron callados y miraron el ropero de madera, el cajón con trastos y provisiones, la hornilla eléctrica, el aguamanil y los montones de periódicos viejos. Salvador le besó la mano a su mujer y salió del cuarto a la azotea. Bajó por la escalera de servicio y luego atravesó los patios del primer piso y olió las mezclas de cocina que llegaban de los otros cuartos de la vecindad. Pasó entre los patines y los perros y salió a la calle. Entró a la tienda, que era el antiguo garage de la casa, y el comerciante viejo le dijo que no había llegado el *Life en español* y siguió paseándose de un estante a otro, abriendo los candados. Señaló un puesto lleno de historietas dibujadas y dijo:

THE COST OF LIVING

Salvador Rentería got up very early. He ran across the landing.
He didn't light the boiler. He took off his pants and the cold
shower made him feel good. He rubbed himself down with the
towel and went back to the bedroom. Ana asked him from the
bed whether he wasn't going to have breakfast. Salvador said
that he'd have a coffee out. His wife had been in bed for two
weeks now, and her face, the pasty colour of a sugar loaf, had
got thinner. She asked Salvador whether there hadn't been a
message from the office and he put a cigarette between his lips
and told her that they wanted her to go and sign herself. Ana
sighed and said:

'How do they expect me to do that?'

'I've already told them that you can't just now, but you
know what they're like.'

'What did the doctor tell you?'

He threw his unsmoked cigarette through the broken
window-pane and smoothed his moustache and forehead with
his fingers. Ana smiled and settled back against the metal bed-
head. Salvador sat down by her and took her hand and told her
not to worry, she'd soon be going back to work. They both
went quiet, gazing at the wooden wardrobe, the box full of
hardware and provisions, the electric cooker, the wash-basin
and the piles of old newspapers. Salvador kissed his wife's hand
and went out of the room onto the landing. He went down the
service stairs and then crossed the courtyard at ground-floor
level, smelling the mixture of kitchen smells that reached him
from the other rooms in the block. He went past the roller-
skaters and the dogs and out into the street. He went into the
shop, which used to be the garage of the house, and the old
shop-keeper told him that the Spanish edition of *Life* had not
come in and went on going from one showcase to another
undoing the padlocks. He pointed to a stand covered in strip-
cartoon novels and said:

– Puede que haiga[1] otra revista para tu señora. La gente se aburre metida en la cama.

Salvador salió. Pasó por la calle una banda de chiquillos disparando pistolas de fulminates y detrás de ellos un hombre arreaba unas cabras desde el potrero. Salvador le pidió un litro de leche y le dijo que lo subiera al 12. Clavó las manos en los bolsillos y caminó, casi trotando, de espaldas,[2] para no perder el camión.[3] Subió al camión en marcha y buscó en la bolsa de la chamarra[4] treinta centavos y se sentó a ver pasar los cipreses, las casas, las rejas y las calles polvorientas de San Francisco Xocotitla. El camión corrió al lado de la vía del tren, sobre el puente de Nonoalco. Se levantaba el humo de los rieles. Desde la banca de madera, miró los transportes cargados de abastecimientos que entraban a la ciudad. En Manuel González, un inspector subió a rasgar los boletos y Salvador se bajó en la siguiente esquina.

Caminó hasta la casa de su padre por el rumbo de Vallejo. Cruzó el jardincillo de pasto seco y abrió la puerta. Clemencia lo saludó y Salvador preguntó si el viejo ya andaba de pie y Pedro Rentería se asomó detrás de la cortina que separaba la recámara de la salita y le dijo: – ¡Qué madrugador! Espérame. Ya mero estoy.[5]

Salvador manoseó los respaldos de las sillas. Clemencia pasaba el sacudidor sobre la mesa de ocote[6] sin pulir y luego sacó de la vitrina un mantel y platos de barro. Preguntó cómo seguía Anita y se arregló el busto bajo la bata floreada.

– Mejorcita.
– Ha de necesitar quien la ayude. Si no se pusiera tantos moños . . .[7]

Los dos se miraron y luego Salvador observó las paredes manchadas por el agua que se había colado desde la azotea. Apartó la cortina y entró a la recámara revuelta. Su padre se estaba quitando el jabón de la cara. Salvador le pasó un brazo por los hombros y le besó la frente. Pedro le pellizcó

'Perhaps there might be some other magazine for your wife. People get bored stuck in bed.'

Salvador went out. In the street he passed a gang of small boys firing off cap pistols, and behind them a man was driving some goats in from the pen. Salvador asked him for a litre of milk and told him to take it up to Number 12. He stuck his hands in his pockets and set off, almost at a run, going backwards so as not to miss the bus. He leapt onto the bus as it was moving off and got thirty cents out of his coat pocket and sat down to watch the cypress trees, the houses, the grilles and the dusty streets of San Francisco Xocotitla going by. The bus went along by the railway over the Nonoalco bridge. Steam rose from the rails. From his wooden seat he watched the trucks laden with supplies going into the city. At Manuel Gonzalez street an inspector got on to tear the tickets and Salvador got off at the next corner.

He went to his father's house, which was over towards Vallejo. He went through the little garden of scorched lawn and opened the door. Clemencia greeted him, and as Salvador asked if the old man was up yet Pedro Rentería emerged from behind the curtain that separated the bedroom from the small living room and said: 'What an early bird! Wait for me. I'm just coming!'

Salvador ran his hands over the backs of the chairs. Clemencia dusted the unvarnished pine table and then took a table-cloth and earthenware dishes from the glass-fronted cupboard. She asked how Anita was getting on and smoothed her bosom under her flowered house-coat.

'A little better.'

'She must need someone to help her. If she didn't give herself such airs . . .'

They looked at each other, and then Salvador noticed how the walls were stained with the water that had seeped through from the flat roof. He pulled the curtain aside and went into the untidy bedroom. His father was washing the soap off his face. Salvador put an arm round his shoulders and kissed him

123

el estómago. Los dos se vieron en el espejo. Se parecían, pero el padre era más calvo y tenía el pelo más rizado y le preguntó qué andaba haciendo a estas horas y Salvador dijo que después no podía venir, que Ana estaba muy mala y no iba a poder trabajar en todo el mes y que necesitaban lana.[8] Pedro se encogió de hombros y Salvador le dijo que no iba a pedirle prestado.

– Lo que se me ocurría es que podías hablar con tu patrón; algo me podrá ofrecer. Alguna chamba.[9]

– Pues eso sí quién sabe. Ayúdame con los tirantes.

– Es que de plano no me va a alcanzar.

– No te apures. Algo te caerá. A ver qué se me ocurre.

Pedro se fajó los pantalones y tomó la gorra de chofer de la mesa de noche. Abrazó a Salvador y lo llevó a la mesa. Olfateó los huevos rancheros que Clemencia les colocó en el centro.

– Sírvete, Chava.[10] Qué más quisiera uno que ayudarte. Pero ya ves, bastante apretados vivimos Clemencia y yo, y eso que me ahorro la comida y la merienda en casa del patrón. Si no fuera por eso . . . Bruja[11] nací y bruja he de morirme. Ahora, date cuenta que si empiezo a pedir favores personales, con lo duro que es Don José, luego me los cobra y adiós aumento. Créeme, Chava, necesito sacarle esos doscientos cincuenta.

Hizo un buche de salsa y tortilla y bajó la voz:

– Ya sé que respetas mucho la memoria de tu mamacita, y yo, pues ni se diga, pero esto de mantener dos casas cuando pudiéramos vivir todos juntos y ahorrarnos una renta . . . Está bueno, no dije nada. Pero ahora dime, ¿entonces por qué no viven con tus suegros?

– Ya ves cómo es doña Concha. Todo el día jeringa que si Ana nació para esto o para lo otro. Ya sabes que por eso nos salimos de su casa.

– Pues si quieres tu independencia, a fletarse. No te preocupes. Ya se me ocurrirá algo.

Clemencia se limpió los ojos con el delantal y tomó asiento entre el padre y el hijo.

– ¿Dónde están los niños? – preguntó.

– Con los papás de Ana – contestó Salvador –. Van a pasar una temporada allí mientras ella se cura.

Pedro dijo que iba a llevar al patrón a Acapulco. – Si necesitas algo, busca a Clemencia. Ya sé. Vete a ver a mi amigo Juan Olmedo. Es cuate[12] viejo y tiene una flotilla de ruleteo. Yo le hablo por teléfono para decirle que vas.

Besó la mano de su padre y salió.

*

Abrió la puerta de vidrio opaco y entró a un recibidor donde estaban una secretaria y un ayudante contable y había muebles de acero, una máquina de escribir y una sumadora. Dijo quién era y la secretaria entró al privado del señor Olmedo y después lo hizo pasar. Era un hombre flaco y muy pequeño y los dos se sentaron en los sillones de cuero frente a una mesa baja con fotos de banquetes y ceremonias y un vidrio encima. Salvador le dijo que necesitaba trabajo para complementar el sueldo de maestro y Olmedo se puso a hurgar entre unos grandes cuadernos negros.

– Estás de suerte – dijo al rascarse la oreja puntiaguda y llena de pelo –. Aquí hay un horario muy bueno de siete a doce de la noche. Andan muchos detrás de esta chamba, porque yo protejo a mis trabajadores. – Cerró de un golpe el libraco –. Pero como tú eres hijo de mi viejo cuate Pedrito, pues te la voy a dar a ti. Vas a empezar hoy mismo. Si trabajas duro, puedes sacar hasta veinte pesos diarios.

Durante algunos segundos, sólo escuchó el tactactac de la máquina sumadora y el zumbido de los motores por la avenida del 20 de Noviembre.[13] Olmedo dijo que tenía que salir y lo invitó a que lo acompañara. Bajaron sin hablar en

'Well, if you want your independence, you'll have to get moving. Don't worry. I'll think of something.'

Clemencia wiped her eyes with her apron and sat down between the father and the son.

'Where are the children?' she asked.

'With Ana's parents,' answered Salvador. 'They're staying there for a bit while she gets better.'

Pedro said that he was taking his boss to Acapulco. 'If there's anything you need, contact Clemencia. I've got it. Go and see my friend Juan Olmedo. He's an old mate of mine, and he's got a fleet of taxis. I'll speak to him on the phone and tell him you're going.'

He kissed his father's hand and left.

*

He opened the frosted-glass door and went into a vestibule where there was a secretary and an accounts clerk and steel furniture, a typewriter and an adding machine. He said who he was and the secretary went into Señor Olmedo's private office and then showed him in. Olmedo was a thin man and very small and they both sat down in leather armchairs at a low table with photographs of banquets and ceremonies covered by a sheet of glass. Salvador told him he needed work to supplement his school-teacher's pay and Olmedo started to leaf through some large black notebooks.

'You're in luck,' he said, scratching his ear, which was pointed and full of hairs. 'Here we have a good shift from seven o'clock to midnight. There's lots of people after this job, because I take care of my staff.' He banged the great book shut. 'But since you are the son of my old mate Pedrito, I'm going to give it to you. You'll start this very day. If you work hard, you can take home up to twenty pesos a day.'

For a few moments, all he could hear was the tic-tac of the adding machine and the hum of cars on the Avenue of the Twentieth of November. Olmedo said he had to go out and invited him to join him. They took the lift down without

el elevador y al llegar a la calle Olmedo le advirtió que debía dar banderazo cada vez que el cliente se detenía a hacer un encarguito, porque había cada tarugo que por un solo banderazo paseaba al cliente una hora por todo México. Lo tomó del codo y entraron al Departamento del Distrito Federal y subieron por las escaleras y Olmedo siguió diciendo que le prohibía subir a toda la gente que iba por el camino.

— Dejadita por aquí, dejadita por allá y al rato ya cruzaste de la Villa al Pedregal por un solo banderazo de uno cincuenta. ¡Si serán de a tiro . . .![14]

Olmedo le ofreció gomitas azucaradas a una secretaria y pidió que lo introdujera al despacho del jefe. La señorita agradeció los dulces y entró al privado del funcionario y Olmedo hizo chistes con los demás empleados y los invitó a tomarse unas cervezas el sábado y jugar dominó después. Salvador le dio la mano y las gracias y Olmedo le dijo:

— ¿Traes la licencia en regla? No quiero líos con Tránsito. Preséntate hoy en la noche, antes de las siete. Busca allá abajo a Toribio, el encargado de dar las salidas. Él te dirá cuál es tu coche. Nada de dejaditas de a peso, ya sabes; se amuelan las portezuelas. Y nada de un solo banderazo por varias dejadas. Apenas se baje el cliente del coche, aunque sea para escupir en la calle, tú vuelves a marcar. Salúdame al viejo.

*

Miró el reloj de Catedral. Eran las once. Caminó un rato por la Merced y se divirtió viendo las cajas llenas de jitomates,[15] naranjas y calabazas. Se sentó a fumar un rato en la plaza, junto a los cargadores que bebían cervezas y hojeaban los diarios deportivos. Se aburrió y caminó hasta San Juan de Letrán. Delante de él caminaba una muchacha. Se le cayó un paquete de los brazos y Salvador se apresuró a recogerlo y ella le sonrió y le dio las gracias. El joven le apretó el brazo y le dijo:

speaking and as they got into the street Olmedo warned him
that he must restart the clock each time a client stopped on
some errand or other, because there was always some idiot
who'd run a client round the whole of Mexico City for an
hour all on the same fare. He took him by the elbow and they
went into the Federal District Department and up the staircase and Olmedo went on telling him that it was forbidden to
pick up lots of people going in the same direction.

'You drop off one here, one there, and soon you'll have gone
right across from La Villa to the Pedregal for a single 1.50 starter.
Some people have all the cheek . . .!'

Olmedo offered one of the secretaries some fruit gums
and asked her to take him into the boss's office. The young
girl thanked him for the sweets and went into the official's
private office while Olmedo joked with the other people working there and invited them along for a couple of beers the
following Saturday and a game of dominoes afterwards.
Salvador shook his hand and thanked him and Olmedo said:

'Is your licence in order? I don't want any trouble with the
traffic people. Come along this evening, before seven. Look
for Toribio down there, he's in charge of out-going cars. He'll
tell you which is your car. No one-peso trips, remember; it
ruins the doors. And none of this business of one fare for lots
of stops. As soon as the client gets out of the car, even if it's
just to spit in the street, clock it up again. My regards to the
old man.'

*

He glanced at the Cathedral clock. It was eleven o'clock. He
wandered a while down Merced Street, enjoying the sight of
the boxes full of tomatoes, oranges and pumpkins. He sat down
to smoke for a bit in the square, close to the porters who were
drinking beers and flicking through the sports papers. He got
bored and walked on up to San Juan de Letrán Street. A girl
was walking along ahead of him. A parcel fell from her arms
and Salvador rushed forward to pick it up and she smiled at him
and thanked him. The young man pressed her arm and said:

– ¿Nos tomamos una limonada?

– Perdone, señor, no acostumbro . . .

– Dispénseme a mí. No quería hacerme el confianzudo.

La muchacha siguió caminando con pasos pequeños y veloces. Contoneaba la cadera y llevaba una falda blanca. Miraba de reojo los aparadores. Salvador la siguió de lejos. Luego ella se detuvo ante un carrito de nieves y pidió una paleta de fresa y Salvador se adelantó a pagar y ella sonrió y le dio las gracias. Entraron a una refresquería y se sentaron en una caballeriza[16] y pidieron dos sidrales. Ella le preguntó qué hacía y él le pidió que adivinara y empezó a mover los puños como boxeador y ella dijo que era boxeador y él se rió y le contó que de muchacho se entrenó mucho en el «Plan Sexenal» pero que en realidad era maestro. Ella le contó que trabajaba en la taquilla de un cine. Movió el brazo y volcó la botella de Sidral y los dos rieron mucho.

Tomaron juntos un camión. No hablaron. Él la tomó de la mano y descendieron frente al Bosque de Chapultepec. Los automóviles recorrían lentamente las avenidas del parque. Había muchos convertibles llenos de gente joven. Pasaban muchas mujeres arrastrando, abrazando o empujando niños. Los niños chupaban paletas y nubes de algodón azucarado. Se oían pitos de globeros y la música de una banda en la pérgola. La muchacha le dijo que le gustaba adivinar la ocupación de las gentes que se paseaban por Chapultepec. Rió y fue indicando con el dedo: saco negro o camisola abierta, zapato de cuero o sandalia, falda de algodón o blusa de lentejuela, camiseta a rayas, tacón de charol: dijo que eran carpintero, electricista, empleada, repartidor, maestro, criada, merolico.[17] Llegaron al lago y tomaron una lancha. Salvador se quitó la chamarra y se enrolló las mangas. La muchacha metió los dedos en el agua y cerró los ojos. Salvador chifló a medias varias melodías mientras remaba. Se detuvo y tocó la rodilla de la muchacha. Ella abrió los ojos y se arregló la falda. Regresaron al muelle y ella dijo que tenía que irse a comer a su casa. Quedaron en

'Shall we go and have a lemonade?'

'Excuse me, señor, I don't usually . . .'

'Forgive me. I didn't want to be familiar . . .'

The girl went on, with short, rapid steps. She was wiggling her hips, wearing a white skirt. She glanced sideways at the shop-windows. Salvador followed her at a distance. Then she stopped by an ice-cream cart and asked for a strawberry lolly. Salvador darted forward to pay, and she smiled and thanked him. They went into a snack bar, sat down in one of the recesses and ordered two Sidrals. She asked him what he did for a living and he asked her to guess and moved his fists about like a boxer and she said he was a boxer and he laughed and said that when he was a kid he'd trained a lot in the 'Plan Sexenal' but he was really a school-teacher. She told him she worked in a cinema box office. She moved her arm, upsetting the Sidral bottle and they both laughed a lot.

They got on a bus together. They didn't speak. He took her hand and they got off at Chapultepec Park. Cars were cruising slowly along the avenues in the park. There were lots of convertibles full of young people. Many women went past with children, dragging, carrying or pushing them along. The children were sucking lollies or candyfloss. You could hear the whistles of the balloon-sellers and a band playing on the bandstand. The girl told him she liked guessing what the people strolling in Chapultepec did for a living. She laughed and went along pointing: black jacket or open-necked shirt, leather shoes or sandals, a cotton skirt or a sequined blouse, striped vest, patent-leather high heels: she said they were a carpenter, an electrician, an office-girl, a tax man, a school-teacher, a housemaid, a pedlar. They reached the lake and took a boat. Salvador took off his jacket and rolled up his sleeves. The girl trailed her fingers in the water and shut her eyes. Salvador whistled snatches of several tunes as he rowed. He paused and touched the girl's knee. She opened her eyes and straightened her skirt. They went back to the landing-stage and she said she had to go home for lunch. They arranged to

verse al día siguiente a las once, cuando cerraba la taquilla del cine.

★

Entró al Kiko's y buscó entre las mesas de tubo y linóleo a sus amigos. Vio de lejos al ciego Macario y se fue a sentar con él. Macario le pidió que metiera un veinte en la sinfonola y al rato llegó Alfredo y los tres pidieron tacos de pollo con guacamole[18] y cervezas y escucharon la canción que decía «La muy ingrata, se fue y me dejó, sin duda por otro más hombre que yo». Hicieron lo de siempre, que era recordar su adolescencia y hablar de Rosa y Remedios, las muchachas más bonitas del barrio. Macario los picó para que hablaran. Alfredo dijo que los chamacos de hoy sí eran muy duros, de cuchillo y toda la cosa. Ellos no. Viéndolo bien, eran bastante bobos. Recordó cuando la pandilla del Poli los retó a un partido de futbol nada más para patearles las rodillas y todo terminó en encuentro de box allá en el lote vacío de la calle de Mirto, y Macario se presentó con un bate de beisbol y los del Poli se quedaron fríos al ver cómo les pegaba el ciego con el bate. Macario dijo que desde entonces todos lo aceptaron como cuate y Salvador dijo que fue sobre todo por esas caras que hacía, girando los ojos en blanco y ja-lándose las orejas para atrás, como para troncharse de la risa. Macario dijo que el que se moría de la risa era él, porque desde los diez años su papá le dijo que no se preocupara, que no tendría que trabajar nunca, que al cabo la jabonera de la que era dueño iba bien, de manera que Macario se dedicó a cultivar su físico para defenderse. Dijo que el radio había sido su escuela y que de allí había sacado sus bromas y sus voces. Luego recordaron a su cuate Raimundo y dejaron de hablar un rato y pidieron más cervezas y Sal-vador miró hacia la calle y dijo que él y Raimundo camina-ban juntos de noche, durante la época de exámenes, de

132

meet the next day at eleven, when the cinema box-office closed.

*

He went into Kiko's and looked for his friends among all the tubular steel, lino-topped tables. He saw blind Macario from a distance and went to sit with him. Macario asked him to put a twenty-centavo piece in the juke-box and soon Alfredo showed up and the three of them ordered chicken pancakes with spicy sauce and beers and listened to the song which went 'What an ungrateful girl, she went off and left me, no doubt for someone more of a man than me'. They did what they always did, which was to reminisce about their adolescence and talk of Rosa and Remedios, the prettiest girls in their part of town. Macario egged them on to make them talk. Alfredo said that these days the kids were really tough, with knives and all the rest of it. They hadn't been like that. If you really thought about it, they'd been pretty stupid. He recalled the time Poli's gang challenged them to a simple football match simply to bash their knees and it had all ended in a boxing match up there on the empty site in Mirto Street, and Macario had turned up with a baseball bat and Poli's lot were stark terrified as this blind lad set about them with the bat. Macario said that after that they all accepted him as a mate and Salvador said it was mainly because of those faces he could pull, rolling his eyes until only the whites showed and folding his ears back; it was enough to make you split yourself laughing. Macario said he was the one who died laughing because ever since he was ten his father had been telling him not to worry, he'd never have to work, that after all the soap factory he owned was doing well, so Macario concentrated on body-building, so that he'd be able to defend himself. He said the radio had been his school, he'd got all his jokes and voices from it. Then they remembered their mate Raimundo and stopped talking for a bit, and ordered more beers and Salvador looked out into the street and said that he and Raimundo were walking together

regreso a sus casas, y Raimundo le pedía que le explicara
bien todo ese enredo del álgebra y luego se detenía un rato en
la esquina de Sullivan y Ramón Guzmán, antes de separarse,
y Raimundo decía:

– ¿Sabes una cosa? Me da como miedo pasar de esta
cuadra. Aquí como que termina el barrio. Más lejos ya no
sé que pasa. Tú eres mi cuate y por eso te lo cuento. Palabra
que me da miedo pasar de esta cuadra.

Y Alfredo recordó que cuando se recibió, la familia le
regaló el automóvil viejo y todos se fueron a celebrar en
grande recorriendo los cabarets baratos de la ciudad. Iban
muy tomados y Raimundo dijo que Alfredo no sabía
manejar bien y comenzó a forcejear para que Alfredo le
dejara el volante y el coche por poco se voltea en una
glorieta de la Reforma y Raimundo dijo que quería
guacarear[19] y la portezuela se abrió y Raimundo cayó a la
avenida y se rompió el cuello.
Pagaron y se despidieron.

*

Dio las tres clases de la tarde y acabó con los dedos man-
chados de tiza después de dibujar el mapa de la República
en el pizarrón. Cuando terminó el turno y salieron los
niños, caminó entre los pupitres y se sentó en la última
banca. El único foco colgaba de un largo cordón. Se quedó
mirando los trazos de color que indicaban las sierras, las
vertientes tropicales, los desiertos y la meseta. Nunca había
sido buen dibujante: Yucatán resultaba demasiado grande,
Baja California demasiado corta. El salón olía a serrín y
mochilas de cuero. Cristóbal, el maestro del quinto año,
asomó por la puerta y le dijo: – ¿Qué hay?

Salvador caminó hasta el pizarrón y borró el mapa con
un trapo mojado. Cristóbal sacó un paquete de cigarrillos y
los dos fumaron y el piso crujía mientras acomodaban los

at night, during the exams, on their way home, and Raimundo asked him to explain all that complicated algebra stuff and then he stopped a moment on the corner of Sullivan and Ramón Guzmán streets, before they parted and Raimundo said:

'Know something? I feel sort of scared going beyond this block. This is just about where our part of town ends. Further on I don't know what happens. You're my friend, that's why I'm telling you this. I swear I'm scared to go beyond this block.'

And Alfredo recalled that when he passed the exams, his family gave him an old car and they all went off to celebrate in style, touring all the cheap night-clubs in town. They were very drunk and Raimundo said that Alfredo couldn't drive well enough and began to struggle so that Alfredo would give the wheel up to him, and the car almost turned over at a cross-roads island along Reforma Street and Raimundo said that he wanted to puke and the door flew open and Raimundo fell into the avenue and broke his neck.

They paid and said good-bye.

*

He taught the three afternoon classes and finished up with his fingers all covered with chalk after drawing a map of the Republic on the board. When the session was over and the children had left, he wandered down between the desks and sat down in the back row. The only light was hanging on a long cord. He sat looking at the patches of colour that marked the mountain ranges, the tropical watersheds, the deserts and the plateau. He had never been good at drawing; Yucatán had come out too big, Lower California too short. The room smelt of sawdust and leather satchels. Cristóbal, the fifth-form master, looked in through the door and said: 'What's up?'

Salvador went up to the board and rubbed the map off with a wet rag. Cristóbal got out a packet of cigarettes and they both smoked and the floor creaked as they put the pieces of chalk

pedazos de tiza en su caja. Se sentaron a esperar y al rato entraron otros maestros y después el director Durán.

El director se sentó en la silla del estrado y los demás en los pupitres y el director los miró a todos con los ojos negros y todos lo miraron a él con su cara morena y su camisa azul y su corbata morada. El director dijo que nadie se moría de hambre y que todo el mundo pasaba trabajos y los maestros se enojaron y uno dijo que ponchaba boletos en un camión después de dar dos turnos y otro que trabajaba de noche en una lonchería de Santa María la Redonda y otro que tenía una miscelánea[20] puesta con sus ahorros y sólo había venido por solidaridad. Durán les dijo que iban a perder la antigüedad, las pensiones y de repente hasta los puestos y les pidió que no se expusieran. Todos se levantaron y salieron y Salvador vio que ya eran las seis y media y corrió a la calle, cruzó corriendo entre el tráfico y abordó un camión.

Bajó en el Zócalo y caminó a la oficina de Olmedo. Toribio le dijo que a las siete entregaban el coche que iba a manejar y que se esperara un rato. Salvador se arrimó a la caseta de despacho y abrió un mapa de la Ciudad de México. Lo estuvo estudiando y después lo cerró y revisó los cuadernos cuadriculados de aritmética.

— ¿Qué es mejor? ¿Ruletear en el centro o en las colonias? — le preguntó a Toribio.

— Pues lejos del centro vas más de prisa pero también gastas más gasolina. Recuerda que el combustible lo pagas tú.

Salvador rió. — Puede que en las puertas de los hoteles haya gringos[21] que den buenas propinas.

— Ahí viene tu carro — le dijo Toribio desde la caseta.

— ¿Tú eres el nuevo? — gritó el chofer gordinflón que lo tripulaba. Se secó el sudor de la frente con un trapo y se bajó del automóvil —. Ahí lo tienes. Métele suavecito la primera que a ratos se atranca. Cierra tú mismo las puertas o te las rechingan.[22] Ahí te lo encargo.

Salvador se sentó frente a la dirección y guardó los

back in their box. They sat down to wait and soon some other teachers came in and then the headmaster Durán.

The head sat down on the chair on the dais and the rest at the desks and the director looked at them all with his black eyes and they all looked back at him with his dark face and his blue shirt and his purple tie. The director said that no one was dying of hunger and that people everywhere were having difficulties and the masters got angry and one said that he punched tickets on a bus after teaching two sessions and another said he worked at night in a snack bar in Santa María la Redonda and another said he'd set up a small shop with his savings and had only come along to show solidarity. Durán said they'd lose their hopes of promotion, their pensions and quite suddenly even their jobs and asked them not to lay themselves open to it all. They got up and went out and Salvador saw that it was already half past six and he ran into the street, ran across between the traffic and leapt onto a bus.

He got off at Zócalo and walked to Olmedo's office. Toribio said they'd hand over the car he was to drive at seven, and told him to wait a little. Salvador leant against the office booth and opened a map of Mexico City. He studied it for a bit and then closed it and marked some squared-paper arithmetic exercise-books.

'What's best? To drive about in the centre or in the suburbs?' he asked Toribio.

'Well, away from the centre you go faster but you also use more petrol. Remember it is you who pay for the gas.'

Salvador laughed. 'Maybe there'll be some yankees at hotel doors who'll give good tips.'

'Here comes your car,' said Toribio from the booth.

'Are you the new bloke?' shouted the chubby driver who was manning it. He wiped the sweat off his forehead with a rag and got out of the car. 'Here she is. Go gently when you put her into first, she sometimes sticks. And close the doors yourself or they'll ruin them. Over to you then.'

Salvador sat down behind the wheel and put the exercise-

cuadernos en la cajuela. Pasó el trapo por el volante grasoso. El asiento estaba caliente. Se bajó y pasó el trapo por el parabrisas. Subió otra vez y arregló el espejo a la altura de los ojos. Arrancó. Levantó la bandera. Le sudaban las manos. Tomó por 20 de Noviembre. En seguida lo detuvo un hombre y le ordenó que lo llevara al cine Cosmos.

El hombre bajó frente al cine y Cristóbal asomó por la ventanilla y dijo: – Qué milagro. – Salvador le preguntó qué hacía y Cristóbal dijo que iba a la imprenta del señor Flores Carranza en la Ribera de San Cosme y Salvador se ofreció a llevarlo y Cristóbal subió al taxi pero dijo que no era dejada de cuate: le pagaría. Salvador rió y dijo que no faltaba más. Platicaron del box y quedaron en ir juntos a la Arena Mexico el viernes. Salvador le contó de la muchacha que conoció esa mañana. Cristóbal empezó a hablar de los alumnos del quinto año y llegaron a la imprenta y Salvador estacionó y bajaron.

Entraron por la puerta estrecha y siguieron por el largo corredor oscuro. La imprenta estaba al fondo y el señor Flores Carranza los recibió y Cristóbal preguntó si ya estaban listas las hojas. El impresor se quitó la visera y afirmó con la cabeza y le mostró la hoja de letras negras y rojas llamando a la huelga. Los dependientes entregaron los cuatro paquetes. Salvador tomó dos paquetes y se adelantó mientras Cristóbal liquidaba la cuenta.

Caminó por el corredor largo y oscuro. De lejos, le llegó el ruido de los automóviles que circulaban, por la Ribera de San Cosme. A la mitad del corredor sintió una mano sobre el hombro y alguien dijo: – Despacito, despacito.

– Dispense – dijo Salvador –. Es que esto está muy oscuro.

– ¿Oscuro? Si se va a poner negro.

El hombre se metió un cigarrillo entre los labios y sonrió y Salvador sólo dijo: – Buenas noches, señor – pero la mano volvió a caerle sobre el hombro y el tipo dijo que él

books in the dash-board. He wiped the greasy steering-wheel with a rag. The seat was warm. He got out and wiped the windscreen. He got in again and adjusted the mirror to his eye-level. He started off. He put up the 'For Hire' sign. His hands were sweating. He set off down the Avenue of the Twentieth of November. Straightaway a man stopped him and told him to take him to the Cosmos cinema.

The man got out at the cinema and Cristóbal leant in through the car window and said: 'It's a miracle.' Salvador asked him what he was up to and Cristóbal said he was going to Señor Flores Carranza's printing shop in the Ribera de San Cosme and Salvador offered to take him and Cristóbal got into the taxi but he said it wasn't to be a free trip among friends: he'd pay. Salvador laughed and said that was all he needed. They talked about boxing and decided to go together to the Mexico Arena on Friday. Salvador told him about the girl he'd met that morning. Cristóbal started to talk about the fifth-form kids and they arrived at the printing shop and Salvador parked and they got out.

They went in through the narrow door and down the long dark passage. The printing shop was at the far end and Señor Flores Carranza met them and Cristóbal asked if the leaflets were ready yet. The printer took off his eye-shade and nodded and showed him the sheet with black and red print calling for a strike. The assistants handed over the four packets. Salvador took two packets and moved off while Cristóbal paid the bill.

He walked down the long dark passage. From far away, the noise of the cars going along the Ribera de San Cosme reached him. Half-way down the passage he felt a hand on his shoulder and someone said: 'Gently, gently.'

'Excuse me,' said Salvador. 'It's very dark in here.'

'Dark? Just wait, it's going to get pitch-black.'

The man put a cigarette between his lips and smiled and Salvador simply said 'Good evening, señor', but the hand came down again on his shoulder and the bloke said he must

debía ser el único maestrito de estos que no lo conocía y Salvador empezó a enojarse y dijo que llevaba prisa y el tipo dijo: – El D.M.,[23] ¿sabes? Ése soy yo.

Salvador vio que cuatro cigarrillos se encendieron en la boca del corredor, a la entrada del edificio, y apretó los paquetes contra el pecho y miró hacia atrás y otro cigarrillo se encendió frente a la entrada de la imprenta.

– El D.M., el Desmadre. ¡Cómo no! Si has de haber oído platicar de mí.

Salvador empezó a ver en la oscuridad y distinguió el sombrero del tipo y la mano que tomó uno de los paquetes.

– Ya estuvo suave de presentaciones. D'acá las letras, maistrito.

Salvador se zafó de la mano y retrocedió unos pasos. El cigarrillo de atrás avanzaba. Una corriente húmeda se colaba por el corredor, a la altura de los tobillos. Salvador miró a su alrededor.

– Déjenme pasar.

– Vengan esos volantes.

– Van conmigo, maje.[24]

Sintió el fuego del cigarrillo de atrás muy cerca de la nuca. Luego el grito de Cristóbal. Arrojó un paquete y pegó con el brazo libre sobre el rostro del tipo. Sintió el cigarrillo aplastado y la punta ardiente en el puño. Y luego vio el rostro manchado de saliva roja que se acercaba. Salvador giró con los puños cerrados y vio la navaja y luego la sintió en el estómago.

El hombre retiró lentamente la navaja y castañeó los dedos y Salvador cayó con la boca abierta.

be about the only little school-teacher who didn't know who he was and Salvador started to get angry and said he was in a hurry and the bloke said: 'The H.T.; you know? That's who I am.'

Salvador saw that four cigarettes were lit up at the end of the passage, at the entrance to the building, and he pressed the packets to his chest and looked behind him and another cigarette lit up by the doorway of the printing shop.

'The H.T., the Holy Terror. Surely you must have heard people talk about me.'

Salvador was beginning to see in the darkness and he made out the man's hat and the hand that took one of the packets.

'He was real polite introducing himself. Give over the papers, little school-teacher.'

Salvador shook off the hand and retreated a few steps. The cigarette from behind was coming closer. A damp draught was creeping through the passage, at about ankle level. Salvador looked around him.

'Let me pass.'

'Let's have those leaflets.'

'They're staying with me, stupid.'

He felt the burning tip of the cigarette behind very close to the back of his neck. Then Cristóbal's cry. He hurled one of the packets and with his free arm hit the man in the face. He felt the cigarette as he smashed it and the burning tip on his fist. And then he saw the face, streaked with red saliva, coming closer. Salvador spun round with clenched fists and saw the knife and then felt it in his stomach.

The man slowly pulled the knife out and clicked his fingers and Salvador fell with his mouth open.

CAPITÁN DESCALZO

NORBERTO FUENTES

Translated by Vicky Ortiz

EL CAPITÁN DESCALZO[1]

El campo labrado se hundía en el cañón de la montaña y lindaba con un maniguazo[2] tupido donde el marabú se enlazaba con el limón y el limón con el almácigo y el almácigo con la enredadera y la enredadera con la marihuana y la marihuana con el cigüelón y el cigüelón con el cafeto y el cafeto con el marabú.

Un trillo[3] roto a filo de machete enlazaba el campo de labranza con la casa del Capitán Descalzo. Frente a la casa cruzaba el camino que topa en Condado. Descalzo detuvo los bueyes. Las bestias se liberaron por un instante del vocerío y el aguijón, pero ellos sabían que era sólo por un instante y por eso siguieron rumiando sus penas y sus hierbas.

Descalzo se sentó en el linde del maniguazo y la labranza. A su lado yacía el saco de la merienda, compuesta de una barra de pan criollo y el porrón de agua fresca. Descalzo comenzó a masticar el pan, empujando cada trozo con un sorbo de agua; vestía una camisa de faena, un pantalón azul-brillo, amarrado a la cintura por una soga, y gorra de pelotero en la cabeza. Sus pies sobresalían más allá de los deshechos bajos del pantalón. Unos pies enormes, de plantas mugrientas y callosas.

– Me persiguen – dijo alguien. Descalzo echó mano por el machetín, se incorporó y le dio frente al dueño de esas palabras –. Me persiguen – repitió el hombre, que sostenía un Garand y sobre la cadera derecha le pendía una pistolera.

– No soy ladrón – aseguró el hombre.

– No me gustan las cosas de gente que huye – dijo Descalzo. El hombre miró hacia atrás y arriba, hacia el lugar donde un tumulto de polvo rojo, arrancado a la tierra, se acercaba seguro, calmoso.

– Esa es la Milicia – dijo Descalzo.

– Ellos vienen por mí, pero ya no puedo más –. El hombre se sentó al lado del porrón y la barra de pan.

CAPITÁN DESCALZO

The cultivated field sank into the mountain canyon and border-ed on a dense jungle where the marabou intertwined with the lemon and the lemon with the mastic-tree and the mastic with the bindweed and the bindweed with the marihuana and the marihuana with the *cigüelón* and the *cigüelón* with the coffee-tree and the coffee-tree with the marabou.

A footpath slashed clear by machete joined the farmland to Capitán Descalzo's house. In front of the house passed the road which ends up in Condado. Descalzo stopped the oxen. The beasts, freed for an instant from the hallooing and the goad, knew that it was only for an instant so continued ruminating their sorrows and their herbage.

Descalzo sat down at the boundary between the jungle and the field. At his side was his lunch bag, containing a chunk of Creole bread and the earthen pitcher of fresh water. Descalzo began to chew the bread washing down each piece with a gulp of water; he wore a work-shirt, shiny blue trousers tied at the waist with a cord, and a baseball cap on his head. His feet ex-tended far beyond the ragged bottoms of his trouser-legs. Enormous feet, with dirty, calloused soles.

'They're after me,' someone said. Descalzo grasped his machete, stood up and faced the speaker. 'They're after me,' repeated the man, who was holding a Garand rifle and had a holster on his left hip.

'I'm not a robber,' the man assured him.

'I don't like this business of people running away,' said Descalzo. The man looked behind and above, towards the place where a cloud of red dust, kicked up from the earth, was approaching surely, calmly.

'That's the Militia,' said Descalzo.

'They're coming for me, but I can't go on any more.' The man sat down beside the pitcher and the chunk of bread.

– ¿Me regala un pedazo de pan y un poco de agua?

– Sírvete – brindó Descalzo –. Y vete lo más rápido que puedas. No quiero perjudicar a mi familia.

El hombre vació el porrón de tres pasadas, ahogando la sed que tenía prendida en el encuentro de la lengua y la garganta. Descalzo le preguntó:

– ¿Qué arma es ésa?

– Una Luguer – dijo el hombre.

– ¿Es buena?

– Buena cantidá.

– Pero luce un poco vieja, ¿eh?

– La manigua me la oxidó – explicó el hombre –. Así y todo me dispara bien. Es una pistola muy noble.

– Esta es el arma que a mí me gusta – dijo Descalzo, blandiendo su machete.

– ¿Es un Collin?

– Sí – respondió Descalzo –, un Collin que lleva conmigo más de diez años.

– Déjame ver la marca de fábrica – pidió el hombre. Descalzo le entregó el machete y él revisó abajo de la em puñadura, en el lugar que grabaron el gallo y las siglas del industrial: COLLIN.

– No cabe duda, es un Collin – y le devolvió el machete a Descalzo –. Cuide ese machete, que es el de mejor calidad, el de mejor acero.

– ¡No digo yo! – exclamó Descalzo.

El hombre dividió la barra de pan y Descalzo le recorrió el filo sobre las venas de la muñeca, abriéndole el paso a la sangre, que fue arrastrándose hasta la palma de la mano y enchumbando la masa de pan.

– Oiga, ¿por qué usté me hace esto? – preguntó el hombre.

Descalzo dio un golpe preciso y el machete se encajó en la culata del Garand que el hombre sostenía sobre los muslos. La mano cayó sobre la tierra, sujetando el pedazo de pan. El hombre quiso recoger su mano, pero un nuevo machetazo, esta vez en la nuca, hizo que el grito del hombre

'Will you give me a piece of bread and a little water?'

'Help yourself,' offered Descalzo. 'And leave as fast as you can. I don't want to endanger my family.'

The man emptied the jug of water in three gulps, drowning the thirst he had imprisoned where tongue meets throat. Descalzo asked him:

'What kind of gun is that?'

'A Luger,' said the man.

'Any good?'

'Pretty.'

'Seems a little old though, eh?'

'It got rusty in the jungle,' explained the man. 'But still it fires pretty well. It's a very noble pistol.'

'This is the weapon I like,' said Descalzo, brandishing his machete.

'Is it a Collin?'

'Yes,' answered Descalzo, 'a Collin that's been with me more than ten years.'

'Let's see the trademark,' asked the man. Descalzo handed him the machete and he looked below the hilt at the place where they engraved the cock and the manufacturer's name: COLLIN.

'No doubt about it, it's a Collin,' and he gave the machete back to Descalzo. 'Take good care of that machete, it's the best quality and the best steel.'

'Don't I know it!' exclaimed Descalzo.

The man divided the chunk of bread and Descalzo ran the blade over the veins on his wrists, drawing the blood which dripped down to the palm of his hand and soaked the dough of the bread.

'Hey, why d'you do that to me?' asked the man.

Descalzo gave a careful blow and embedded the machete in the butt-end of the Garand which the man held on his thighs. The hand fell to the ground, holding the piece of bread. The man wanted to pick up his hand, but a second stroke of the machete, this time on the back of the neck, drowned

se ahogara en borbotones de sangre que se coagularon en la boca.

Descalzo recogió el Garand y la Luguer, llegó a su casa, entrando por la puerta de la cocina, regañando a los hijos que correteaban por la casa, dejando las armas sobre su cama y saliendo al portal en el momento que la caravana se detenía frente a sus ojos.

Del primer jeep se apeó Bunder Pacheco. Los soldados esperaron sentados en sus vehículos.

– ¿Cómo anda ese Capitán Descalzo? – saludó Bunder Pacheco.

– Ahí me ve, comandante. – Descalzo se consiguió dos taburetes y los trajo hasta el portal. Se sentaron.

– ¿Qué cosas tiene que contarme, Capitán?

– Ando muy mal en estos días, muy triste – respondió –. La mujer se fue y me dejó con esta docena de muchachos.

– Eso me dijeron, Capitán.

– Yo le pedí a la muerte que no lo hiciera, pero ya usted sabe lo terca que es ella.

– No me gusta verlo así, Capitán.

– Se la llevó de todas maneras.

– Ahora yo también me pongo triste, Capitán.

– No se preocupe por mí, comandante. ¿Quiere una taza de café?

– Si me la brindara . . .

Descalzo llamó a uno de los muchachos y le dijo que hiciera café.

– ¿Y cómo anda en el trabajo?

– No se anda muy bien, ¿sabe? El maíz ha venido malo con esta seca y el café tiene el precio muy bajo. No, no ando muy bien. Además, ya estoy viejo y los surcos no me salen rectos.

– Oiga, Capitán, ¿por qué no se va para la Bana? Usted sabe que allá tiene casa, automóvil y sueldo.

– No puedo, comandante, no puedo. Ya usted sabe cómo son las cosas. El reglamento dice que el uso de las botas es obligatorio. Y así yo no puedo estar en ningún lado. Espérese

the man's cry in gushes of blood which coagulated in his mouth.

Descalzo picked up the Garand and the Luger, went into his house, entering through the kitchen door and scolding the children who were running through the house; he left the weapons on his bed and went out onto the porch just as the convoy stopped in front of him.

From the first jeep alighted Bunder Pacheco. The soldiers waited in their vehicles.

'And how is Capitán Descalzo?' greeted Bunder Pacheco.

'Still around, comandante.' Descalzo fetched two stools and brought them to the porch. They sat down.

'What have you got to tell me, Capitán?'

'Things are very bad with me these days, very sad,' he answered. 'My wife went and left me with these dozen brats.'

'That's what they told me, Capitán.'

'I begged Death not to do it, but you know how hard-headed she is.'

'I hate to see you like this, Capitán.'

'Well, anyhow, she's gone.'

'Now I'm getting sad too, Capitán.'

'Don't worry about me, comandante. Do you want a cup of coffee?'

'If you don't mind . . .'

Descalzo called one of the boys and told him to make some coffee.

'And how's work?'

'Not too good, you know. The corn came up badly with the drought and coffee prices are pretty low. No, I'm not too good. Also I'm getting old and the furrows don't come out too straight.'

'Listen, Capitán, why don't you go to Havana? You know that there you'd have a house, a car and a salary.'

'I can't, comandante, I can't. You know how it is. The ordinance says that boots are obligatory. And I can't be in a place like that. Wait a moment and see,' and he got up from

un momento para que vea – y se levantó del taburete, entró en la casa, y al rato regresó con un par de botas en la mano.

– ¿No las ve? Están nuevas de paquete, iguales que cuando me las dieron hace seis años. Pero por mucho que intento, no puedo andar con zapatos. No sé, me sucede algo así como si me faltara la respiración.

Bunder Pacheco sonrió.

– No se ría, no se ría. Yo le aseguro a usted que éstos son los mejores zapatos que existen – y mostró sus enormes pies –. El día que se me rompan éstos, ya no voy a necesitar más.

El muchacho trajo un café recalentado; después de apurarlo, Bunder Pacheco se levantó y fue a despedirse.

– ¿Se retira, comandante?

– Sí, Capitán. Estamos de operaciones y los soldados esperan.

– No hay por qué apurarse – afirmó Descalzo –. ¿A quién buscan con tanto desespero?

– Andamos atrás del Magua Tondike, que ayer lo vieron por esta zona.

– Ah – se asombró[4] Descalzo –. ¿Y usted no tendrá un tabaquito disponible?

Bunder Pacheco buscó en los bolsillos y halló dos tabacos. Se los dio a Descalzo.

– Bueno, Capitán, tengo que irme.

– No hay apuro, no hay apuro – repitió Descalzo –. Yo le digo a usted que no hay apuro, porque se me ocurre que Magua Tondike está echándose a perder bajo el sol de mi labranza.

the stool, went into the house and a moment later returned carrying a pair of boots.

'See these? They're brand new, just like they were when they gave them to me six years ago. But as hard as I try, I can't walk in shoes. I don't know, something happens, as if I was losing my breath.'

Bunder Pacheco smiled.

'Don't laugh, don't laugh. I assure you these are the best shoes in the world,' and he showed him his enormous feet. 'The day these ones break, I won't need anything more.'

The boy brought some reheated coffee; after drinking it, Bunder Pacheco got up and went to say good-bye.

'You leaving, comandante?'

'Yes, Capitán. We're on business, and the soldiers are waiting.'

'No reason to hurry,' said Descalzo. 'Who are you looking for so desperately?'

'We're following Magua Tondike, who was seen in this region yesterday.'

'Ah,' Descalzo seemed astonished. 'Would you have a spare cigar?'

Bunder Pacheco looked in his pockets and found two cigars. He gave them to Descalzo.

'Well, Capitán, I've got to go.'

'There's no hurry, no hurry,' repeated Descalzo. 'I'm telling you there's no hurry, because it seems to me that Magua Tondike is rotting away in the sun, out there on my field.'

SHARE AND SHARE ALIKE
NORBERTO FUENTES

Translated by Vicky Ortiz

– ¿En qué mundo se ha visto eso? En la guerra los muertos se mueren y se acabó. Yo la entiendo, señora, pero entiéndame usted a mí. Todos vienen a buscar a sus seres queridos que en paz descansen, ¿y qué voy a hacer yo? Hay que tener un poco de paciencia. ¿Usted vio allá afuera los boquetes en la pared? Esta fue guerra de muchos muertos, señora. Al principio ni siquiera escribíamos sus nombres y ahora no sabemos dónde están. Y en este cementerio ... ¿sabe desde cuándo hicieron los españoles este cementerio? Uh, muchos años, muchos, señora. Ahí en el patio tengo bastantes cristianos descansando, pero ¿cómo saber quién es quién si nada más tengo que los huesos? No me entiende. Ya veo que no me entiende.

Usted se ha puesto igual que la familia del Niño Padrón. Pero es que al Niño lo afusilaron en el sesentaiuno. La madre me dice que busque un esqueleto grande porque el Niño era grande y fuerte. Pero no aparece. Mire usted que yo he buscado ese esqueleto grande fosa por fosa. Usted no debía llevárselo. En otro lugar va a estar igualito. Bueno, ¿cómo dijo que se llamaba? Así que Juan Lora. ¿Con qué banda estaba él? No lo sabe. Sí, haga memoria. No se acuerda. Bueno, yo anoto aquí, Juan Lora. ¿Blanco? Uh, señora, todos los huesos son iguales, lo mismo de blanco, que de negro, que de chino. Sí, venga usted mañana a esta misma hora y ya veremos lo que se puede hacer.

El administrador observó la mujer que se retiraba, envuelta la cabeza en un pañuelo desteñido; el vestido de tela mala y desteñida también. Llevaba sus manos recogidas en el pecho y con ellas aguantaba el pañuelo.

Así que Lora, se dijo el administrador. Juan Lora.

En la pared, atrás de él, Jesucristo languidecía crucificado sobre el fichero metálico y escoltado[2] por dos fotografías

SHARE AND SHARE ALIKE

'Where on earth has this ever been seen? In war the dead die and that's that. I understand you, señora, but you must understand me. Everyone comes here to look for their loved ones, rest their souls, and what am I going to do? You've got to have a little patience. Did you see the holes in the wall out there? This was a war with many dead, señora. In the beginning we didn't even write down their names and now we don't know where they are. And in this cemetery ... do you know how long ago the Spaniards built this cemetery? Oh, many, many years, señora. There in the patio I've got quite a few Christians resting, but how are we to know who is who if I've got nothing more than the bones? You don't understand me. I can see you don't understand me.

'You're acting just like El Niño Padrón's folk. But the fact is they shot El Niño in '61. His mother tells me to look for a large skeleton because El Niño was big and strong. But it doesn't show up. See here, I've looked for that big skeleton grave by grave. You shouldn't take him away. Anywhere else would be just the same. Well, what did you say his name was? So it was Juan Lora. What gang was he with? You don't know. Yes, try to remember. You can't remember. Well, I'll write down here, Juan Lora. White? Oh, señora, all bones are alike, white bones, black bones and Chinese bones. Yes, come to-morrow at the same time and then we'll see what can be done.'

The administrator watched the woman walking away, her head wrapped in a faded shawl, her dress of cheap cloth, also faded. Her hands were clutched over her chest, holding onto the shawl.

'So the name is Lora,' the administrator said to himself. 'Juan Lora.'

On the wall behind him Jesus Christ languished crucified above the metal filing cabinet, guarded by two hand-coloured

coloreadas a mano de Camilo Cienfuegos y Federico Engels.

El administrador entró en el patio y fue por el asistente. Le dio de palmadas[3] y le dijo: trae la pala que vamos a resolver.

– Ya tengo la pala, señor – salió la voz del asistente por abajo del sombrero despelusado.[4] La camisa sobrevivía[5] igual de despelusada. Y el pantalón. El administrador cayó en cuenta[6]: Ah, la pala, sí, tienes la pala ahí, y dime, ¿dónde está la común del sesentaiuno?[7]

– Al lado de la ceiba mocha,[8] señor.

El aire que baja de la sierra es aire bueno. No sabe al vaho caliente del hocico de la vaca. El aire de la montaña penetra por entre las rejas del cementerio y sale por las rejas del otro lado y ya no se detiene hasta la costa. El administrador toma un poco de ese aire y se lo echa en los pulmones. Engalla el pecho y luce satisfecho como después de comida. Ah, este aire de la sierra, dice.

– Aquí está la Migdalia – muestra el asistente una tumba donde grabaron la cruz con el dedo antes que el cemento fraguara.

Y dos pasos[9] más allá: Aquí está la fosa común del sesentaiuno.

– Ah, la común del sesentaiuno. Muy bien. Empecemos a trabajar.

El asistente desencajó la cruz y la recostó en la ceiba mocha. Para desencajarla la zarandeó de un lado a otro y el hueco se hizo grande. El canto de la pala mordió la tierra que al principio quiso resistirse pero después se abrió y mientras más se hundía más dócil estaba.

– Ya hay gente aquí – dijo el asistente. En la lengua de la pala sostenía un fémur ennegrecido. A sus pies sobresalían más huesos como raíces.

– Ah, ése es bueno – exclamó el administrador y palpó el hueso –. Ese es bueno. ¿Y tú crees que puedas encontrar

photographs of Camilo Cienfuegos and Frederick Engels.

The administrator entered the patio and went to get the assistant. He tapped him on the shoulder and said to him: 'Get the shovel, we're going to settle this.'

'I've already got the shovel, señor,' came the assistant's voice from beneath his threadbare hat. His shirt was just about hanging together, in an equally threadbare state. So were his trousers. The administrator registered: 'Ah, the shovel, yes, you've got the shovel there ... and tell me, where is the common grave of '61?'

'Next to the silkcotton tree stump, señor.'

The air that comes down from the sierra is good air. It doesn't smell like the hot vapour of cow's breath. The mountain air comes in through the railings of the cemetery and goes out through the railings on the other side and doesn't stop until it reaches the coast. The administrator takes a little of that air and pours it into his lungs. He puffs out his chest and looks satisfied, as though after a good meal. 'Ah, this mountain air,' he says.

'Here's La Migdalia,' the assistant points to a grave where someone drew a cross with their finger before the cement had set.

And a little way along: 'Here's the common grave of '61.'

'Ah, the common grave of '61. Very good. Let's get to work.'

The assistant pulled up the cross and leaned it against the silkcotton tree stump. To pull it up he worked it back and forth and the hole got bigger. The edge of the shovel bit into the earth which at first was inclined to resist but then opened up and the more the shovel delved down, the more docile was the earth.

'There sure are a lot of people here,' said the assistant. On the blade of the shovel he held a blackened femur. At his feet were more bones sticking out like roots.

'Ah, that's a good one,' exclaimed the administrator and fingered the bone. 'That's a good one. And do you think you

dos cráneos? Necesito cráneos para que estén completos.
Te voy a esperar en la oficina. Recoge muchos huesos y dos
cráneos. Después los envolvemos con papel de estraza. Tú
no digas nada y ya verás cómo la vieja[10] del Niño Padrón se
va a poner de contenta.

– Y esa que vino ahora. La de Juan Lora. También –
dijo el administrador.

could find two skulls? I need skulls so they'll be complete. I'll wait for you in the office. Get lots of bones and two skulls. Later we'll wrap them in brown paper. Don't say anything and you'll see how pleased El Niño Padrón's ma is going to be.

'And the one who came just now. Juan Lora's mother. She too,' said the administrator.

BALTHAZAR'S
MARVELLOUS AFTERNOON

GABRIEL GARCÍA MÁRQUEZ

Translated by J. S. Bernstein

LA PRODIGIOSA TARDE
DE BALTAZAR

La jaula estaba terminada. Baltazar la colgó en el alero, por
la fuerza de la costumbre, y cuando acabó de almorzar ya se
decía por todos lados que era la jaula más bella del mundo.
Tanta gente vino a verla, que se formó un tumulto frente a
la casa, y Baltazar tuvo que descolgarla y cerrar la carpintería.

– Tienes que afeitarte – le dijo Úrsula, su mujer –.
Pareces un capuchino.

– Es malo afeitarse después del almuerzo – dijo Baltazar.

Tenía una barba de dos semanas, un cabello corto, duro
y parado como las crines de un mulo, y una expresión
general de muchacho asustado. Pero era una expresión
falsa. En febrero había cumplido 30 años, vivía con Úrsula
desde hacía cuatro, sin casarse y sin tener hijos, y la vida le
había dado muchos motivos para estar alerta, pero ninguno
para estar asustado. Ni siquiera sabía que para algunas
personas, la jaula que acababa de hacer era la más bella del
mundo. Para él, acostumbrado a hacer jaulas desde niño,
aquel había sido apenas un trabajo más arduo que los
otros.

– Entonces repósate un rato – dijo la mujer –. Con esa
barba no puedes presentarte en ninguna parte.

Mientras reposaba tuvo que abandonar la hamaca varias
veces para mostrar la jaula a los vecinos. Úrsula no le había
prestado atención hasta entonces. Estaba disgustada porque
su marido había descuidado el trabajo de la carpintería
para dedicarse por entero a la jaula, y durante dos semanas
había dormido mal, dando tumbos y hablando disparates, y
no había vuelto a pensar en afeitarse. Pero el disgusto se
disipó ante la jaula terminada. Cuando Baltazar despertó de
la siesta, ella le había planchado los pantalones y una

BALTHAZAR'S
MARVELLOUS AFTERNOON

The cage was finished. Balthazar hung it under the eaves from force of habit, and when he finished lunch everyone was already saying that it was the most beautiful cage in the world. So many people came to see it that a crowd formed in front of the house, and Balthazar had to take it down and close the shop.

'You have to shave,' Ursula, his wife, told him. 'You look like a Capuchin.'

'It's bad to shave after lunch,' said Balthazar.

He had two weeks' growth, short, hard, and bristly hair like the mane of a mule, and the general expression of a frightened boy. But it was a false expression. In February he was thirty; he had been living with Ursula for four years, without marrying her and without having children, and life had given him many reasons to be on guard but none to be frightened. He did not even know that for some people the cage he had just made was the most beautiful one in the world. For him, accustomed to making cages since childhood, that job had been hardly any more difficult than the others.

'Then rest for a while,' said the woman. 'With that beard you can't show yourself anywhere.'

While he was resting, he had to get out of his hammock several times to show the cage to the neighbours. Ursula had paid no attention to it until then. She was annoyed because her husband had neglected the work of his carpenter's shop to devote himself entirely to the cage, and for two weeks had slept poorly, turning over and muttering incoherencies, and he hadn't thought of shaving. But her annoyance dissolved when faced by the finished cage. When Balthazar woke up from his nap she had ironed his pants and a shirt; she had put them on a

camisa, los había puesto en un asiento junto a la hamaca, y había llevado la jaula a la mesa del comedor. La contemplaba en silencio.

– ¿Cuánto vas a cobrar? – preguntó.

– No sé – contestó Baltazar –. Voy a pedir treinta pesos para ver si me dan viente.

– Pide cincuenta – dijo Úrsula –. Te has trasnochado mucho en estos quince días. Además, es bien grande. Creo que es la jaula más grande que he visto en mi vida.

Baltazar empezó a afeitarse.

– ¿Crees que me darán los cincuenta pesos?

– Eso no es nada para don Chepe Montiel, y la jaula los vale – dijo Úrsula –. Debías pedir sesenta.

La casa yacía en una penumbra sofocante. Era la primera semana de abril y el calor parecía menos soportable por el pito de las chicharras. Cuando acabó de vestirse, Baltazar abrió la puerta del patio para refrescar la casa, y un grupo de niños entró en el comedor.

La noticia se había extendido. El doctor Octavio Giraldo, un médico viejo, contento de la vida pero cansado de la profesión, pensaba en la jaula de Baltazar mientras almorzaba con su esposa inválida. En la terraza interior donde ponían la mesa en los días de calor, había muchas macetas con flores y dos jaulas con canarios. A su esposa le gustaban los pájaros, y le gustaban tanto que odiaba a los gatos porque eran capaces de comérselos. Pensando en ella, el doctor Giraldo fue esa tarde a visitar a un enfermo, y al regreso pasó por la casa de Baltazar a conocer la jaula.

Había mucha gente en el comedor. Puesta en exhibición sobre la mesa, la enorme cúpula de alambre con tres pisos interiores, con pasadizos y compartimientos especiales para comer y dormir, y trapecios en el espacio reservado al recreo de los pájaros, parecía el modelo reducido de una gigantesca fábrica de hielo. El médico la examinó cuidadosamente, sin tocarla, pensando que en efecto aquella jaula era superior a su propio prestigio, y mucho más bella de lo que había soñado jamás para su mujer.

chair near the hammock and had carried the cage to the dining table. She regarded it in silence.

'How much will you charge?' she asked.

'I don't know,' Balthazar answered. 'I'm going to ask for thirty pesos to see if they'll give me twenty.'

'Ask for fifty,' said Ursula. 'You've lost a lot of sleep in these two weeks. Furthermore, it's rather large. I think it's the biggest cage I've ever seen in my life.'

Balthazar began to shave.

'Do you think they'll give me fifty pesos?'

'That's nothing for Mr Chepe Montiel, and the cage is worth it,' said Ursula. 'You should ask for sixty.'

The house lay in the stifling shadow. It was the first week of April and the heat seemed less bearable because of the chirping of the cicadas. When he finished dressing, Balthazar opened the door to the patio to cool off the house, and a group of children entered the dining room.

The news had spread. Dr Octavio Giraldo, an old physician, happy with life but tired of his profession, thought about Balthazar's cage while he was eating lunch with his invalid wife. On the inside terrace, where they put the table on hot days, there were many flowerpots and two cages with canaries. His wife liked birds, and she liked them so much that she hated cats because they could eat them up. Thinking about her, Dr Giraldo went to see a patient that afternoon, and when he returned he went by Balthazar's house to inspect the cage.

There were a lot of people in the dining room. The cage was on display on the table: with its enormous dome of wire, three stories inside, with passageways and compartments especially for eating and sleeping and swings in the space set aside for the birds' recreation, it seemed like a small-scale model of a gigantic ice factory. The doctor inspected it carefully, without touching it, thinking that in effect the cage was better than its reputation, and much more beautiful than any he had ever dreamed of for his wife.

on the forehead. Pedro pinched his stomach. They could both
see themselves in the mirror. They were alike, but the father
was balder and his hair was curlier. He asked him what he was
doing about at that time of day, and Salvador said that he
couldn't come any later, that Ana was very ill and was not going
to be able to work all that month and they needed some cash.
Pedro shrugged and Salvador said that he wasn't going to ask
for a loan.

'What struck me was that you could talk to your boss; he
might be able to offer me something. Some job.'

'Well yes . . . who knows . . . Help me with these braces.'

'It's that I simply won't be able to make ends meet.'

'Don't worry. Something will come your way. Let's see
what I can think of.'

Pedro did up his belt and took his driver's cap off the bedside table. He put his arm round Salvador and led him to the
table. He sniffed at the country-style eggs that Clemencia had
put on the table for them.

'Help yourself, lad. What would one rather do than give
you a hand. But you can see for yourself, we're pretty hard up,
Clemencia and me, and that's with me getting my lunches and
dinners free at the boss's. If it weren't for that . . . I was born
poor and poor I'll die. Now then, just you think, if I start
asking personal favours, with Don José tough the way he is,
he'll be soon charging me for them and I can say good-bye
to any rises. Believe me, lad, I need to get those 250 out of
him.'

He prepared a mouthful of sauce and omelette and lowered
his voice:

'I know how much you respect the memory of your dear
mum, and as for me, it goes without saying, but this business of
keeping up two households when we could all live together and
save one rent. . . . All right, I didn't say a thing. But tell me
now, why don't you live with your in-laws, then?'

'You know what Doña Concha's like: All day long going on
about how Ana was born to be this or that. You know that's
why we left her place.'

– Esto es una aventura de la imaginación – dijo. Buscó a Baltazar en el grupo, y agregó, fijos en él sus ojos maternales –: Hubieras sido un extraordinario arquitecto.

Baltazar se ruborizó.
– Gracias – dijo.
– Es verdad – dijo el médico. Tenía una gordura lisa y tierna como la de una mujer que fue hermosa en su juventud, y unas manos delicadas. Su voz parecía la de un cura hablando en latín –. Ni siquiera será necesario ponerle pájaros – dijo, haciendo girar la jaula frente a los ojos del público, como si la estuviera vendiendo –. Bastará con colgarla entre los árboles para que cante sola. – Volvió a ponerla en la mesa, pensó un momento, mirando la jaula, y dijo:
– Bueno, pues me la llevo.
– Está vendida – dijo Úrsula.
– Es del hijo de don Chepe Montiel – dijo Baltazar –. La mandó a hacer expresamente.
El médico asumió una actitud respetable.
– ¿Te dio el modelo?
– No – dijo Baltazar –. Dijo que quería una jaula grande, como esa, para una pareja de turpiales.[1]
El médico miró la jaula.
– Pero ésta no es para turpiales.
– Claro que sí, doctor – dijo Baltazar, acercándose a la mesa. Los niños lo rodearon –. Las medidas están bien calculadas – dijo, señalando con el índice los diferentes compartimientos. Luego golpeó la cúpula con los nudillos, y la jaula se llenó de acordes profundos.
– Es el alambre más resistente que se puede encontrar, y cada juntura está soldada por dentro y por fuera – dijo.
– Sirve hasta para un loro – intervino uno de los niños.

– Así es – dijo Baltazar.
El médico movió la cabeza.
– Bueno, pero no te dio el modelo – dijo –. No te hizo

'This is a flight of the imagination,' he said. He sought out Balthazar among the group of people and, fixing his maternal eyes on him, added, 'You would have been an extraordinary architect.'

Balthazar blushed.

'Thank you,' he said.

'It's true,' said the doctor. He was smoothly and delicately fat, like a woman who had been beautiful in her youth, and he had delicate hands. His voice seemed like that of a priest speaking Latin. 'You wouldn't even need to put birds in it,' he said, making the cage turn in front of the audience's eyes as if he were auctioning it off. 'It would be enough to hang it in the trees so it could sing by itself.' He put it back on the table, thought a moment, looking at the cage, and said:

'Fine, then I'll take it.'

'It's sold,' said Ursula.

'It belongs to the son of Mr Chepe Montiel,' said Balthazar. 'He ordered it specially.'

The doctor adopted a respectful attitude.

'Did he give you the design?'

'No,' said Balthazar. 'He said he wanted a large cage, like this one, for a pair of troupials.'

The doctor looked at the cage.

'But this isn't for troupials.'

'Of course it is, Doctor,' said Balthazar, approaching the table. The children surrounded him. 'The measurements are carefully calculated,' he said, pointing to the different compartments with his forefinger. Then he struck the dome with his knuckles, and the cage filled with resonant chords.

'It's the strongest wire you can find, and each joint is soldered outside and in,' he said.

'It's even big enough for a parrot,' interrupted one of the children.

'That it is,' said Balthazar.

The doctor turned his head.

'Fine, but he didn't give you the design,' he said. 'He gave

ningún encargo preciso, aparte de que fuera una jaula grande para turpiales. ¿No es así?

– Así es – dijo Baltazar.

– Entonces no hay problema – dijo el médico –. Una cosa es una jaula grande para turpiales y otra cosa es esta jaula. No hay pruebas de que sea ésta la que te mandaron hacer.

– Es esta misma – dijo Baltazar, ofuscado –. Por eso la hice.

El médico hizo un gesto de impaciencia.

– Podrías hacer otra – dijo Úrsula, mirando a su marido. Y después, hacia el médico –: Usted no tiene apuro.

– Se la prometí a mi mujer para esta tarde – dijo el médico.

– Lo siento mucho, doctor – dijo Baltazar –, pero no se puede vender una cosa que ya está vendida.

El médico se encogió de hombros. Secándose el sudor del cuello con un pañuelo, contempló la jaula en silencio, sin mover la mirada de un mismo punto indefinido, como se mira un barco que se va.

– ¿Cuánto te dieron por ella?

Baltazar buscó a Úrsula sin responder.

–Sesenta pesos – dijo ella.

El médico siguió mirando la jaula.

– Es muy bonita – suspiró –. Sumamente bonita. – Luego, moviéndose hacia la puerta, empezó a abanicarse con energía, sonriente, y el recuerdo de aquel episodio desapareció para siempre de su memoria.

– Montiel es muy rico – dijo.

En verdad, José Montiel no era tan rico como parecía, pero había sido capaz de todo por llegar a serlo. A pocas cuadras de allí, en una casa atriborrada[2] de arneses[3] donde nunca se había sentido un olor que no se pudiera vender, permanecía indiferente a la novedad de la jaula. Su esposa, torturada por la obsesión de la muerte, cerró puertas y ventanas después del almuerzo y yació dos horas con los ojos abiertos en la penumbra del cuarto, mientras José

you no exact specifications, aside from making it a cage big enough for troupials. Isn't that right?'

'That's right,' said Balthazar.

'Then there's no problem,' said the doctor. 'One thing is a cage big enough for troupials, and another is this cage. There's no proof that this one is the one you were asked to make.'

'It's this very one,' said Balthazar, confused. 'That's why I made it.'

The doctor made an impatient gesture.

'You could make another one,' said Ursula, looking at her husband. And then, to the doctor: 'You're not in any hurry.'

'I promised it to my wife for this afternoon,' said the doctor.

'I'm very sorry, Doctor,' said Balthazar, 'but I can't sell you something that's sold already.'

The doctor shrugged his shoulders. Drying the sweat from his neck with a handkerchief, he contemplated the cage silently with the fixed, unfocused gaze of one who looks at a ship which is sailing away.

'How much did they pay you for it?'

Balthazar sought out Ursula's eyes without replying.

'Sixty pesos,' she said.

The doctor kept looking at the cage. 'It's very pretty.' He sighed. 'Extremely pretty.' Then, moving towards the door, he began to fan himself energetically, smiling, and the trace of that episode disappeared forever from his memory.

'Montiel is very rich,' he said.

In truth, José Montiel was not as rich as he seemed, but he would have been capable of doing anything to become so. A few blocks from there, in a house crammed with equipment, where no one had ever smelled a smell that couldn't be sold, he remained indifferent to the news of the cage. His wife, tortured by an obsession with death, closed the doors and windows after lunch and lay for two hours with her eyes opened to the shadow of the room, while José Montiel took his

Montiel hacía la siesta. Así la sorprendió un alboroto de muchas voces. Entonces abrió la puerta de la sala y vio un tumulto frente a la casa, y a Baltazar con la jaula en medio del tumulto, vestido de blanco y acabado de afeitar, con esa expresión de decoroso candor con que los pobres llegan a la casa de los ricos.

– Qué cosa tan maravillosa – exclamó la esposa de José Montiel, con una expresión radiante, conduciendo a Baltazar hacia el interior –. No había visto nada igual en mi vida – dijo, y agregó, indignada con la multitud que se agolpaba en la puerta –: Pero llévesela para adentro que nos van a convertir la sala en una gallera.

Baltazar no era un extraño en la casa de José Montiel. En distintas ocasiones, por su eficacia y buen cumplimiento, había sio llamado para hacer trabajos de carpintería menor. Pero nunca se sintió bien entre los ricos. Solía pensar en ellos, en sus mujeres feas y conflictivas, en sus tremendas operaciones quirúrgicas, y experimentaba siempre un sentimiento de piedad. Cuando entraba en sus casas no podía moverse sin arrastrar los pies.

– ¿Está Pepe? – preguntó.

Había puesto la jaula en la mesa del comedor.

– Está en la escuela – dijo la mujer de José Montiel –. Pero ya no debe demorar. – Y agregó: – Montiel se está bañando.

En realidad José Montiel no había tenido tiempo de bañarse. Se estaba dando una urgente fricción de alcohol alcanforado para salir a ver lo que pasaba. Era un hombre tan prevenido, que dormía sin ventilador eléctrico para vigilar durante el sueño los rumores de la casa.

– Adelaida – gritó –. ¿Qué es lo que pasa?

– Ven a ver qué cosa tan maravillosa – gritó su mujer.

José Montiel – corpulento y peludo, la toalla colgada en la nuca – se asomó por la ventana del dormitorio.

– ¿Qué es eso?

– La jaula de Pepe – dijo Baltazar.

La mujer lo miró perpleja.

siesta. The clamour of many voices surprised her there. Then she opened the door to the living room and saw a crowd in front of the house, and Balthazar with the cage in the middle of the crowd, dressed in white, freshly shaved, with that expression of decorous candour with which the poor approach the houses of the wealthy.

'What a marvellous thing!' José Montiel's wife exclaimed, with a radiant expression, leading Balthazar inside. 'I've never seen anything like it in my life,' she said, and added, annoyed with the crowd which piled up at the door: 'But bring it inside before they turn the living room into a grandstand.'

Balthazar was no stranger to José Montiel's house. On different occasions, because of his skill and forthright way of dealing, he had been called in to do minor carpentry jobs. But he never felt at ease among the rich. He used to think about them, about their ugly and argumentative wives, about their tremendous surgical operations, and he always experienced a feeling of piety. When he entered their houses, he couldn't move without dragging his feet.

'Is Pepe home?' he asked.

He had put the cage on the dining-room table.

'He's at school,' said José Montiel's wife. 'But he shouldn't be long,' and she added, 'Montiel is taking a bath.'

In reality, José Montiel had not had time to bathe. He was giving himself an urgent alcohol rub, in order to come out and see what was going on. He was such a cautious man that he slept without an electric fan so he could watch over the noises of the house while he slept.

'Adelaide!' he shouted. 'What's going on?'

'Come and see what a marvellous thing!' his wife shouted.

José Montiel, obese and hairy, his towel draped around his neck, appeared at the bedroom window.

'What is that?'

'Pepe's cage,' said Balthazar.

His wife looked at him perplexedly.

– ¿De quién?

– De Pepe – confirmó Baltazar. Y después dirigiéndose a José Montiel –: Pepe me la mandó a hacer.

Nada ocurrió en aquel instante, pero Baltazar se sintió como si le hubieran abierto la puerta del baño. José Montiel salió en calzoncillos del dormitorio.

– Pepe – gritó.

– No ha llegado – murmuró su esposa, inmóvil.

Pepe apareció en el vano de la puerta. Tenía unos doce años y las mismas pestañas rizadas y el quieto patetismo de su madre.

– Ven acá – le dijo José Montiel –. ¿Tú mandaste a hacer esto?

El niño bajó la cabeza. Agarrándolo por el cabello, José Montiel lo obligó a mirarlo a los ojos.

– Contesta.

El niño se mordió los labios sin responder.

– Montiel – susurró la esposa.

José Montiel soltó al niño y se volvió hacia Baltazar con una expresión exaltada.

– Lo siento mucho, Baltazar – dijo –. Pero has debido consultarlo conmigo antes de proceder. Sólo a ti se te ocurre contratar con un menor. – A medida que hablaba, su rostro fue recobrando la serenidad. Levantó la jaula sin mirarla y se la dio a Baltazar. – Llévatela en seguida y trata de vendérsela a quien puedas – dijo –. Sobre todo, te ruego que no me discutas. – Le dio una palmadita en la espalda, y explicó: – El médico me ha prohibido coger rabia.

El niño había permanecido inmóvil, sin parpadear, hasta que Baltazar lo miró perplejo con la jaula en la mano. Entonces emitió un sonido gutural, como el ronquido de un perro, y se lanzó al suelo dando gritos.

José Montiel lo miraba impasible, mientras la madre trataba de apaciguarlo.

– No lo levantes – dijo –. Déjalo que se rompa la cabeza contra el suelo y después le echas sal y limón para que rabie con gusto.

'Whose?'

'Pepe's', replied Balthazar. And then, turning towards José Montiel, 'Pepe ordered it.'

Nothing happened at that instant, but Balthazar felt as if someone had just opened the bathroom door on him. José Montiel came out of the bedroom in his underwear.

'Pepe!' he shouted.

'He's not back,' whispered his wife, motionless.

Pepe appeared in the doorway. He was about twelve, and had the same curved eyelashes and was as quietly pathetic as his mother.

'Come here,' José Montiel said to him. 'Did you order this?'

The child lowered his head. Grabbing him by the hair, José Montiel forced Pepe to look him in the eye.

'Answer me.'

The child bit his lip without replying.

'Montiel,' whispered his wife.

José Montiel let the child go and turned towards Balthazar in a fury.

'I'm very sorry, Balthazar,' he said. 'But you should have consulted me before going on. Only to you would it occur to contract with a minor.' As he spoke, his face recovered its serenity. He lifted the cage without looking at it and gave it to Balthazar.

'Take it away at once, and try to sell it to whomever you can.' he said. 'Above all, I beg you not to argue with me.' He patted him on the back and explained, 'The doctor has forbidden me to get angry.'

The child had remained motionless, without blinking, until Balthazar looked at him uncertainly with the cage in his hand. Then he emitted a guttural sound, like a dog's growl, and threw himself on the floor screaming.

José Montiel looked at him, unmoved while the mother tried to pacify him.

'Don't even pick him up,' he said. 'Let him break his head on the floor, and then put salt and lemon on it so he can rage to his heart's content.'

El niño chillaba sin lágrimas, mientras su madre lo sostenía por las muñecas.

– Déjalo – insistió José Montiel.

Baltazar observó al niño como hubiera observado la agonía de un animal contagioso. Eran casi las cuatro. A esa hora, en su casa, Úrsula cantaba una canción muy antigua, mientras cortaba rebanadas de cebolla.

– Pepe – dijo Baltazar.

Se acercó al niño, sonriendo, y le tendió la jaula. El niño se incorporó de un salto, abrazó la jaula, que era casi tan grande como él, y se quedó mirando a Baltazar a través del tejido metálico, sin saber qué decir. No había derramado una lágrima.

– Baltazar – dijo Montiel, suavemente –. Ya te dije que te la lleves.

– Devuélvela – ordenó la mujer al niño.

– Quédate con ella – dijo Baltazar. Y luego, a José Montiel –: Al fin y al cabo, para eso la hice.

José Montiel lo persiguió hasta la sala.

– No seas tonto, Baltazar – decía, cerrándole el paso –. Llévate tu trasto para la casa y no hagas más tonterías. No pienso pagarte ni un centavo.

– No importa – dijo Baltazar –. La hice expresamente para regalársela a Pepe. No pensaba cobrar nada.

Cuando Baltazar se abrió paso a través de los curiosos que bloqueaban la puerta, José Montiel daba gritos en el centro de la sala. Estaba muy pálido y sus ojos empezaban a enrojecer.

– Estúpido – gritaba –. Llévate tu cacharro. Lo último que faltaba es que un cualquiera venga a dar órdenes en mi casa. ¡Carajo!

En el salón de billar recibieron a Baltazar con una ovación. Hasta ese momento, pensaba que había hecho una jaula mejor que las otras, que había tenido que regalársela al hijo de José Montiel para que no siguiera llorando, y que ninguna de esas cosas tenía nada de particular. Pero luego se dio cuenta de que todo eso tenía una cierta importancia para muchas personas, y se sintió un poco excitado.

The child was shrieking tearlessly while his mother held him by the wrists.

'Leave him alone,' José Montiel insisted.

Balthazar observed the child as he would have observed the death throes of a rabid animal. It was almost four o'clock. At that hour, at his house, Ursula was singing a very old song and cutting slices of onion.

'Pepe,' said Balthazar.

He approached the child, smiling, and held the cage out to him. The child jumped up, embraced the cage which was almost as big as he was, and stood looking at Balthazar through the wirework without knowing what to say. He hadn't shed one tear.

'Balthazar,' said José Montiel softly. 'I told you already to take it away.'

'Give it back,' the woman ordered the child.

'Keep it,' said Balthazar. And then, to José Montiel: 'After all, that's what I made it for.'

José Montiel followed him into the living room.

'Don't be foolish, Balthazar,' he was saying, blocking his path. 'Take your piece of furniture home and stop being silly. I have no intention of paying you a cent.'

'It doesn't matter,' said Balthazar. 'I made it expressly as a gift for Pepe. I didn't expect to charge anything for it.'

As Balthazar made his way through the spectators who were blocking the door, José Montiel was shouting in the middle of the living room. He was very pale and his eyes were beginning to get red.

'Idiot!' he was shouting. 'Take your trinket out of here. The last thing we need is for some nobody to give orders in my house. Son of a bitch!'

In the billiard saloon, Balthazar was received with an ovation. Until that moment, he thought that he had made a better cage than ever before, that he'd had to give it to the son of José Montiel so he wouldn't keep crying, and that none of these things was particularly important. But then he realized that all of this had a certain importance for many people, and he felt a little excited.

– De manera que te dieron cincuenta pesos por la jaula.

– Sesenta – dijo Baltazar.

– Hay que hacer una raya en el cielo – dijo alguien –. Eres el único que ha logrado sacarle ese montón de plata a don Chepe Montiel. Esto hay que celebrarlo.

Le ofrecieron una cerveza, y Baltazar correspondió con una tanda para todos. Como era la primera vez que bebía, al anochecer estaba completamente borracho, y hablaba de un fabuloso proyecto de mil jaulas de a sesenta pesos, y después de un millón de jaulas hasta completar sesenta millones de pesos.

– Hay que hacer muchas cosas para vendérselas a los ricos antes que se mueran – decía, ciego de la borrachera –. Todos están enfermos y se van a morir. Cómo estarán enfermos de jodidos que ya ni siquiera pueden coger rabia.

Durante dos horas el tocadiscos automático estuvo por su cuenta tocando sin parar. Todos brindaron por la salud de Baltazar, por su suerte y su fortuna, y por la muerte de los ricos, pero a la hora de la comida lo dejaron solo en el salón.

Úrsula lo había esperado hasta las ocho, con un plato de carne frita cubierto de rebanadas de cebolla. Alguien le dijo que su marido estaba en el salón de billar, loco de felicidad, brindando cerveza a todo el mundo, pero no lo creyó porque Baltazar no se había emborrachado jamás. Cuando se acostó, casi a la medianoche, Baltazar estaba en un salón iluminado, donde había mesitas de cuatro puestos con sillas alrededor, y una pista de baile al aire libre, por donde se paseaban los alcaravanes. Tenía la cara embadurnada de colorete, y como no podía dar un paso más, pensaba que quería acostarse con dos mujeres en la misma cama. Había gastado tanto, que tuvo que dejar el reloj como garantía, con el compromiso de pagar al día siguiente. Un momento después, despatarrado por la calle, se dio cuenta de que le estaban quitando los zapatos, pero no quiso abandonar el sueño más feliz de su vida. Las mujeres que pasaron para la misa de cinco no se atrevieron a mirarlo, creyendo que estaba muerto.

'So they gave you fifty pesos for the cage.'

'Sixty,' said Balthazar.

'Score one for you,' someone said. 'You're the only one who has managed to get such a pile of money out of Mr Chepe Montiel. We must celebrate.'

They bought him a beer, and Balthazar responded with a round for everybody. Since it was the first time he had ever been out drinking, by dusk he was completely drunk, and he was talking about a fabulous project of a thousand cages, at sixty pesos each, and then of a million cages, till he had sixty million pesos. 'We have to make a lot of things to sell to the rich before they die,' he was saying, blind drunk. 'All of them are sick, and they're going to die. They're so screwed up they can't even get angry any more.'

For two hours he was paying for the jukebox, which played non-stop. Everybody toasted Balthazar's health, good luck, and fortune, and the death of the rich, but at mealtime they left him alone in the billiard saloon.

Ursula had waited for him until eight, with a dish of fried meat covered with slices of onion. Someone told her that her husband was in the saloon, delirious with happiness, buying beers for everyone, but she didn't believe it, because Balthazar had never got drunk. When she went to bed, almost at midnight, Balthazar was in a lighted room where there were little tables, each with four chairs, and an outdoor dance floor, where the plovers were walking around. His face was smeared with rouge, and since he couldn't take one more step, he thought he wanted to lie down with two women in the same bed. He had spent so much that he had had to leave his watch in pawn, with the promise to pay the next day. A moment later, spread-eagled in the street, he realized that his shoes were being taken off, but he didn't want to abandon the happiest dream of his life. The women who passed on their way to five-o'clock Mass didn't dare look at him, thinking he was dead.

THE DISUSED DOOR

JULIO CORTÁZAR

Translated by Philomena Ulyatt

LA PUERTA CONDENADA

A Petrone le gustó el hotel Cervantes por razones que hubieran desagradado a otros. Era un hotel sombrío, tranquilo, casi desierto. Un conocido del momento se lo recomendó cuando cruzaba el río en el vapor de la carrera, diciéndole que estaba en la zona céntrica de Montevideo. Petrone aceptó una habitación con baño en el segundo piso, que daba directamente a la sala de recepción. Por el tablero de llaves en la portería supo que había poca gente en el hotel; las llaves estaban unidas a unos pesados discos de bronce con el número de la habitación, inocente recurso de la gerencia para impedir que los clientes se las echaran al bolsillo.

El ascensor dejaba frente a la recepción, donde había un mostrador con los diarios del día y el tablero telefónico. Le bastaba caminar unos metros para llegar a la habitación. El agua salía hirviendo, y eso compensaba la falta de sol y de aire. En la habitación había una pequeña ventana que daba a la azotea del cine contiguo; a veces una paloma se paseaba por ahí. El cuarto de baño tenía una ventana más grande, que se abría tristemente a un muro y a un lejano pedazo de cielo, casi inútil. Los muebles eran buenos, había cajones y estantes de sobra. Y muchas perchas, cosa rara.

El gerente resultó ser un hombre alto y flaco, completamente calvo. Usaba anteojos con armazón de oro y hablaba con la voz fuerte y sonora de los uruguayos. Le dijo a Petrone que el segundo piso era muy tranquilo, y que en la única habitación contigua a la suya vivía una señora sola, empleada en alguna parte, que volvía al hotel a la caída de la noche. Petrone la encontró al día siguiente en el ascensor. Se dio cuenta de que era ella por el número de la llave que tenía en la palma de la mano, como si ofreciera una enorme moneda de oro. El portero tomó la llave y la de Petrone para colgarlas en el tablero, y se quedó hablando con la mujer

THE DISUSED DOOR

Petrone liked the Hotel Cervantes for reasons which would have displeased others. It was a gloomy, quiet hotel virtually deserted. Someone he had met briefly had recommended it to him, on the ferry crossing the river, saying that it was right in the centre of Montevideo. Petrone took a room with a bath on the second floor opening straight onto the reception lounge. From the key-rack in the foyer he knew that there were few people in the hotel; the keys were attached to heavy brass discs with the room number on them – the management's innocent device to prevent guests from slipping them into their pockets.

The lift stopped opposite reception, where there was a counter with the day's newspapers and a switch-board. He had only a few yards to walk to reach his room. The water from the tap was boiling hot, and this compensated for the lack of sunlight and fresh air. In the room there was a small window overlooking the flat roof of the adjacent cinema, where occasionally a pigeon strutted by. The bathroom had a larger window which opened dismally onto a wall and a distant, almost useless patch of sky. The furniture was good, there were drawers and shelves to spare. And, oddly enough, plenty of coat-hangers.

The manager turned out to be a tall, thin fellow, completely bald. He wore gold-rimmed glasses and spoke in the deep, vibrant tone peculiar to Uruguayans. He told Petrone that the second floor was very quiet and that in the only room adjoining his lived a lady on her own, who had a job somewhere and came back to the hotel at nightfall. Petrone met her the next day in the lift. He knew it was her by the number on the key-disc she held in the palm of her hand, as though she were proffering an enormous gold coin. The hall porter took his key and hers to hang up on the board and stood talking to the woman about some mail. Petrone had time to notice that she was still young,

sobre unas cartas. Petrone tuvo tiempo de ver que era todavía joven, insignificante, y que se vestía mal como todas las orientales.[1]

El contrato con los fabricantes de mosaicos llevaría más o menos una semana. Por la tarde Petrone acomodó la ropa en el armario, ordenó sus papeles en la mesa, y después de bañarse salió a recorrer el centro mientras se hacía hora de ir al escritorio de los socios. El día se pasó en conversaciones, cortadas por un copetín[2] en Pocitos[3] y una cena en casa del socio principal. Cuando lo dejaron en el hotel era más de la una. Cansado, se acostó y se durmió en seguida. Al despertarse eran casi las nueve, y en esos primeros minutos en que todavía quedan las sobras de la noche y del sueño, pensó que en algún momento lo había fastidiado el llanto de una criatura.

Antes de salir charló con el empleado que atendía la recepción y que hablaba con acento alemán. Mientras se informaba sobre líneas de ómnibus y nombres de calles, miraba distraído la gran sala en cuyo extremo estaban las puertas de su habitación y la de la señora sola. Entre las dos puertas había un pedestal con una nefasta réplica de la Venus de Milo. Otra puerta, en la pared lateral, daba a una salita con los infaltables sillones y revistas. Cuando el empleado y Petrone callaban, el silencio del hotel parecía coagularse, caer como ceniza sobre los muebles y las baldosas. El ascensor resultaba casi estrepitoso, y lo mismo el ruido de las hojas de un diario o el raspar de un fósforo.

Las conferencias terminaron al caer la noche y Petrone dio una vuelta por 18 de Julio[4] antes de entrar a cenar en uno de los bodegones[5] de la plaza Independencia. Todo iba bien, y quizá pudiera volverse[6] a Buenos Aires antes de lo que pensaba. Compró un diario argentino, un atado de cigarrillos negros,[7] y caminó despacio hasta el hotel. En el cine de al lado daban dos películas que ya había visto, y en realidad no tenía ganas de ir a ninguna parte. El gerente lo saludó al pasar y le preguntó si necesitaba más ropa de

not at all striking, and that she was badly dressed, like all Uruguayan women.

The contract with the manufacturers of mosaics would take a week more or less to sort out. In the afternoon Petrone hung his clothes in the wardrobe, arranged his papers on the table and after taking a bath set out to explore the city centre until it was time to go to the partners' office. The day went by in talks broken by a drink in Pocitos and dinner at the home of the senior partner. When they dropped him at his hotel it was past one o'clock. Worn out, he went to bed and fell asleep instantly. When he woke up it was almost nine, and in those first minutes when the remnants of night and sleep still linger, he thought that at some point he had been disturbed by a baby crying.

Before going out he chatted with the man looking after reception, who spoke with a German accent. As he made enquiries about bus routes and street names, he gazed absently across the spacious vestibule with, at the far end, the doors to his room and that of the woman living alone. There was a pedestal between the two doors with a ghastly replica of the Venus de Milo. Another door in the side wall opened onto a small lounge with the inevitable easy chairs and magazines. When the receptionist and Petrone stopped talking, the silence in the hotel seemed to congeal, to fall like ash on the furniture and the floor-tiles. The sound of the lift was almost deafening and so was the rustle of newspaper pages or the scrape of a match.

The meetings ended at nightfall and Petrone took a stroll down the Avenue of the Eighteenth of July before going into one of the eating houses on Independence Square for supper. Everything was going smoothly and it looked as though he might be able to get back to Buenos Aires sooner than he had thought. He bought an Argentinian newspaper, a packet of dark cigarettes, and made his way slowly to the hotel. The cinema next door was showing two films he had already seen, and in fact he did not feel like going anywhere at all. The

cama.[8] Charlaron un momento, fumando un pitillo, y se despidieron.[9]

Antes de acostarse Petrone puso en orden los papeles que había usado durante el día, y leyó el diario sin mucho interés. El silencio del hotel era casi excesivo, y el ruido de uno que otro tranvía que bajaba por la calle Soriano no hacía más que pausarlo, fortalecerlo para un nuevo intervalo. Sin inquietud, pero con alguna impaciencia, tiró el diario al canasto y se desvistió mientras se miraba distraído en el espejo del armario. Era un armario ya viejo, y lo habían adosado a una puerta que daba a la habitación contigua. A Petrone le sorprendió descubrir la puerta que se le había escapado en su primera inspección del cuarto. Al principio había supuesto que el edificio estaba destinado a hotel pero ahora se daba cuenta de que pasaba lo que en tantos hoteles modestos, instalados en antiguas casas de escritorios o de familia. Pensándolo bien, en casi todos los hoteles que había conocido en su vida – y eran muchos – las habitaciones tenían alguna puerta condenada, a veces a la vista pero casi siempre con un ropero, una mesa o un perchero delante, que como en este caso les daba una cierta ambigüedad, un avergonzado deseo de disimular su existencia como una mujer que cree taparse poniéndose las manos en el vientre o los senos. La puerta estaba ahí, de todos modos, sobresaliendo del nivel del armario. Alguna vez la gente había entrado y salido por ella, golpeándola, entornándola, dándole una vida que todavía estaba presente en su madera tan distinta de las paredes. Petrone imaginó que del otro lado habría también un ropero y que la señora de la habitación pensaría lo mismo de la puerta.

No estaba cansado pero se durmió con gusto. Llevaría tres o cuatro horas cuando lo despertó una sensación de incomodidad, como si algo ya hubiera ocurrido, algo molesto e irritante. Encendió el velador, vio que eran las dos y media, y apagó otra vez. Entonces oyó en la pieza de al lado el llanto de un niño.

manager greeted him as he went by and asked whether he needed more blankets. They chatted for a while smoking a cigarette and bade one another goodnight.

Before getting into bed Petrone sorted out the documents he had used during the day, and skimmed through the newspaper. The silence in the hotel was almost too much and the noise of the odd tram going down Soriano Street merely interrupted it, reinforcing it for another spell. Carelessly, but with a touch of impatience, he threw the newspaper into the wastepaper basket and got undressed, looking absentmindedly at his reflection in the wardrobe mirror. It was an old wardrobe and they had pushed it up against a door which led to the adjoining room. He was startled to discover the door, which had escaped his notice when he first looked round the room. He had supposed initially that the building had been intended as a hotel, but now he realized that it was like so many small hotels, installed in former office blocks or family houses. Upon reflection, in almost all the hotels he had ever known – and they were many – the rooms had some disused door; sometimes visible but almost always with a wardrobe, a table or a coat stand in front which, as in this case, gave them a certain ambiguity, a shamefaced attempt to conceal their existence like a woman who thinks she can hide herself by covering her stomach or her breasts with her hands. Anyway the door was there, protruding above the top of the wardrobe. At some time or other people had walked in and out through it, slamming it or leaving it ajar, giving it a life of its own which still lingered on in its wood so different from the walls. Petrone imagined that on the other side too there would be a wardrobe and that the woman in the next room would be thinking the same about the door.

He was not tired yet he fell asleep gratefully. It must have been three or four hours later when he was woken up by an uncomfortable feeling, as if there had been something happening, something tiresome and vexing. He switched on the bedside lamp, saw that it was two-thirty and switched it off again. It was then that he heard a baby crying in the next room.

For a moment he did not fully realize the implications. His first feeling was one of satisfaction: so it was true that a child had spoiled his rest the night before. With everything explained it was easier to go back to sleep. But then he remembered the other thing and sat up slowly without putting on the light, listening. He was not mistaken, the crying was in the next room. The sound came through the disused door, localized in that part of the room on a level with the foot of the bed. But it was impossible that there should be a child in the next room; the manager had stated clearly that the woman lived alone, that she spent almost all day at work. For a moment he wondered whether perhaps this evening she was looking after the child of some relative or friend. He thought about the previous night. He was convinced by now that he *had* heard the crying before, because it was not the sort of crying you could mistake: rather an irregular series of very weak moans and querulous hiccoughs followed by a momentary whimpering, all of it insubstantial, minimal, as though the child were extremely ill. It must have been a child of only a few months, although it did not cry with the stridency and the sudden clucking and sobbing sounds of a new-born baby. Petrone had a mental picture of a baby – a boy, he did not know why – weak and ill, its face emaciated, its movements feeble. There *it* was, wailing in the night, crying modestly without attracting too much attention. Had the door not been there, the wailing would never have overcome the strong bastion of the wall; no one would have known that in the next room a child was crying.

*

In the morning Petrone gave the matter some thought while he was was having breakfast and smoking a cigarette. With the day's work ahead he could not afford a bad night. Twice he had woken up in the middle of the night and each time because of the crying. The second time was worse because in addition to the wailing there was the sound of the woman's voice as she tried to soothe the child. Her voice was very low but it held a

calidad teatral, un susurro que atravesaba la puerta con tanta fuerza como si hablara a gritos. El niño cedía por momentos al arrullo, a las instancias; después volvía a empezar con un leve quejido entrecortado, una inconsolable congoja. Y de nuevo la mujer murmuraba palabras incomprensibles, el encantamiento de la madre para acallar al hijo atormentado por su cuerpo o su alma, por estar vivo o amenazado de muerte.

«Todo es muy bonito, pero el gerente me macaneó»[11] pensaba Petrone al salir de su cuarto. Lo fastidiaba la mentira y no lo disimuló. El gerente se quedó mirándolo.

– ¿Un chico? Usted se habrá confundido. No hay chicos pequeños en este piso. Al lado de su pieza vive una señora sola, creo que ya se lo dije.

Petrone vaciló antes de hablar. O el otro mentía estúpidamente, o la acústica del hotel le jugaba una mala pasada. El gerente lo estaba mirando un poco de soslayo, como si a su vez lo irritara la protesta. «A lo mejor me cree tímido y que ando buscando un pretexto para mandarme mudar», pensó. Era difícil, vagamente absurdo insistir frente a una negativa tan rotunda. Se encogió de hombros y pidió el diario.

– Habré soñado – dijo, molesto por tener que decir eso, o cualquier otra cosa.

*

El cabaret era de un aburrimiento mortal y sus dos anfitriones no parecían demasiado entusiastas, de modo que a Petrone le resultó fácil alegar el cansancio del día y hacerse llevar al hotel. Quedaron en firmar los contratos al otro día por la tarde; el negocio estaba prácticamente terminado.

El silencio en la recepción del hotel era tan grande que Petrone se descubrió a sí mismo andando en puntillas. Le habían dejado un diario de la tarde al lado de la cama; había también una carta de Buenos Aires. Reconoció la letra de su mujer.

Antes de acostarse estuvo mirando el armario y la parte

note of anxiety which lent it a theatrical quality, a murmur which came through the door as forcefully as if she had been shouting. From time to time the child gave in to the lullaby, to the entreaties; then it would begin again with a halting, feeble moaning of inconsolable grief. And again the woman would murmur unintelligible words, a mother's incantation striving to silence her child tormented in body or soul, by being alive or by the threat of death. 'That's all very well, but the manager certainly put one over on me,' thought Petrone leaving his room. The lie annoyed him and he made no attempt to hide the fact. The manager fixed him with a stare.

'A baby? You must have been mistaken, sir. There are no young children on that floor. In the room next to yours there is a lady by herself; I believe I've told you that already.'

Petrone hesitated before replying. Either the other was lying stupidly or the acoustics in the hotel were playing a nasty trick on him. The manager was looking at him slightly askance, as if he in turn was annoyed by the complaint. 'Maybe he thinks I'm shy and looking for an excuse to move rooms,' he thought. It was difficult, somewhat ridiculous, to insist in the face of such a flat denial. He shrugged his shoulders and asked for the newspaper.

'I must have dreamt it,' he said, and it irked him to have to say that, or anything at all.

*

The night-club was deadly dull, and his two hosts did not seem too enthusiastic, so that Petrone found it easy enough to plead a tiring day and get taken back to the hotel. They arranged to sign the contracts the next day in the afternoon; the deal was more or less concluded.

The silence in the hotel lobby was so intense that Petrone found himself walking on tiptoe. They had left him an evening paper by his bedside; there was also a letter from Buenos Aires. He recognized his wife's writing.

Before getting into bed he studied the wardrobe and the

sobresaliente de la puerta. Tal vez si pusiera sus dos valijas sobre el armario, bloqueando la puerta, los ruidos de la pieza de al lado disminuirían. Como siempre a esa hora, no se oía nada. El hotel dormía, las cosas y las gentes dormían. Pero a Petrone, ya malhumorado, se le ocurrió que era al revés y que todo estaba despierto, anhelosamente despierto en el centro del silencio. Su ansiedad inconfesada debía estarse comunicando a la casa, a las gentes de la casa, prestándoles una calidad de acecho, de vigilancia agazapada. Montones de pavadas.[12]

Casi no lo tomó en serio cuando el llanto del niño lo trajo de vuelta a las tres de la mañana. Sentándose en la cama se preguntó si lo mejor sería llamar al sereno para tener un testigo de que en esa pieza no se podía dormir. El niño lloraba tan débilmente que por momentos no se lo escuchaba, aunque Petrone sentía que el llanto estaba ahí, continuo, y que no tardaría en crecer otra vez. Pasaban diez o veinte lentísimos segundos; entonces llegaba un hipo breve, un quejido apenas perceptible que se prolongaba dulcemente hasta quebrarse en el verdadero llanto.

Encendiendo un cigarrillo, se preguntó si no debería dar unos golpes discretos en la pared para que la mujer hiciera callar al chico. Recién cuando[13] los pensó a los dos, a la mujer y al chico, se dio cuenta de que no creía en ellos, de que absurdamente no creía que el gerente le hubiera mentido. Ahora se oía la voz de la mujer, tapando por completo el llanto del niño con su arrebatado – aunque tan discreto – consuelo. La mujer estaba arrullando al niño, consolándolo, y Petrone se la imaginó sentada al pie de la cama, moviendo la cuna del niño o teniéndolo en brazos. Pero por más que lo quisiera no conseguía imaginar al niño, como si la afirmación del hotelero fuese más cierta que esa realidad que estaba escuchando. Poco a poco, a medida que pasaba el tiempo y los débiles quejidos se alternaban o crecían entre los murmullos de consuelo, Petrone empezó a sospechar que aquello era una farsa, un juego ridículo y

part of the door which showed above it. Perhaps if he put his two cases on top to cover the door completely, the noise from the other side would be reduced. As always at this hour there was nothing to be heard. The hotel was sleeping, things and people were sleeping. But it occurred to Petrone in his thoroughly bad mood that, on the contrary, everything was wide awake, avidly awake, in the hub of the silence. His unavowed anxiety would seem to be transmitting itself to the house, to the people in the house, making them appear on tenterhooks, vigilant and ready to pounce. What a lot of nonsense.

He almost did not take it seriously when the child's cry brought him round at three o'clock in the morning. Sitting on the side of the bed he wondered whether it would not be best to call the night watchman, so as to have a witness to the fact that sleep was impossible in that room. The child wailed so feebly that at times you could not hear it, although Petrone sensed that the crying was there all the time and that it would not be long before it gathered force again. Ten, maybe twenty seconds dragged by; then came a short hiccough, a scarcely perceptible whining which dragged on softly and then broke into real sobs.

Lighting a cigarette he wondered whether he should perhaps knock discreetly on the wall, to make the woman get the child to be quiet. Just as he was thinking of the two of them, the woman and the child, he realized that he did not believe in them, that against all reason he did not believe the manager would have lied to him. Now he could hear the woman's voice completely smothering the child's cries with her passionate – but so discreetly hushed – attempts to console him. The woman spoke softly to the child, comforting him, and Petrone imagined her seated at the foot of the bed, rocking the baby's cradle or nursing him in her arms. But however hard he tried he could not conjure up the child, as if the hotel keeper's statement was more truthful than the reality he was listening to. Little by little, as time ticked by and the feeble complaints alternated with or grew louder between the comforting murmurs, Petrone began to suspect that the whole set-up was a

monstruoso que no alcanzaba a explicarse. Pensó en viejos relatos de mujeres sin hijos, organizando en secreto un culto de muñecas, una inventada maternidad a escondidas, mil veces peor que los mimos a perros o gatos o sobrinos. La mujer estaba imitando el llanto de su hijo frustrado, consolando el aire entre sus manos vacías, tal vez con la cara mojada de lágrimas porque el llanto que fingía era a la vez su verdadero llanto, su grotesco dolor en la soledad de una pieza de hotel, protegida por la indiferencia y por la madrugada.

Encendiendo el velador, incapaz de volver a dormirse, Petrone se preguntó qué iba a hacer. Su malhumor era maligno, se contagiaba de ese ambiente donde de repente todo se le antojaba trucado,[14] hueco, falso: el silencio, el llanto, el arrullo, lo único real de esa hora entre noche y día y que lo engañaba con su mentira insoportable. Golpear en la pared le pareció demasiado poco. No estaba completamente despierto aunque le hubiera sido imposible dormirse; sin saber bien cómo, se encontró moviendo poco a poco el armario hasta dejar al descubierto la puerta polvorienta y sucia. En pijama y descalzo, se pegó a ella como un ciempiés, y acercando la boca a las tablas de pino empezó a imitar en falsete, imperceptiblemente, un quejido como el que venía del otro lado. Subió de tono, gimió, sollozó. Del otro lado se hizo un silencio que habría de durar toda la noche; pero en el instante que lo precedió, Petrone pudo oír que la mujer corría por la habitación con un chicotear de pantuflas, lanzando un grito seco e instantáneo, un comienzo de alarido que se cortó de golpe como una cuerda tensa.

*

Cuando pasó por el mostrador de la gerencia eran más de las diez. Entre sueños,[15] después de las ocho, había oído la voz del empleado y la de una mujer. Alguien había andado en la pieza de al lado moviendo cosas. Vio un baúl y dos

farce, some absurd and monstrous game without rhyme or reason. He thought of old tales about childless women setting up a secret cult of dolls, a furtive, make-believe motherhood a thousand times worse than pampering dogs or cats or nephews. The woman was mimicking the cry of the child denied her, consoling the air in her empty hands, perhaps her face wet with tears, for the weeping she feigned was also her own very real grief, her grotesque sorrow in the desolation of a hotel room shielded by indifference and by the dawn.

Unable to go back to sleep, Petrone lit the bedside lamp and wondered what to do. He was in a foul temper, infected by that atmosphere where everything suddenly seemed to him fake, hollow, wrong: the silence, the crying, the lullaby, these were all that was real in this hour between night and day and yet they fooled him with an unbearable lie. To knock on the wall seemed too feeble a protest. He was not fully awake, although it would have been impossible for him to go to sleep; without really knowing what had come over him, he found himself moving the wardrobe bit by bit, until the door, dusty and grimy, stood revealed. Barefoot and in pyjamas he pressed himself against it like a centipede and with his mouth close to the pine boards he began to imitate in a scarcely audible falsetto voice a lament like that coming from the other side. He raised the pitch, he moaned, he sobbed. On the other side there was a sudden silence which was to last all night; but in the instant which went before, Petrone could hear the woman run across the room, slippers flapping, uttering a scream that was hoarse and sudden, a nascent cry of alarm which snapped abruptly like a taut string.

*

When he passed the manager's desk it was turned ten o'clock. Sometime after eight, only half-awake, he had heard the voices of the porter and a woman. Someone had been walking about in the next room, moving things. He saw a trunk and two large

grandes valijas cerca del ascensor. El gerente tenía un aire que a Petrone se le antojó de desconcierto.

– ¿ Durmió bien anoche ? – le preguntó con el tono profesional que apenas disimulaba la indiferencia.

Petrone se encogió de hombros. No quería insistir, cuando apenas le quedaba por pasar otra noche en el hotel.

– De todas maneras ahora va a estar más tranquilo – dijo el gerente, mirando las valijas –. La señora se nos va a mediodía.

Esperaba un comentario, y Petrone lo ayudó con los ojos.

– Llevaba aquí mucho tiempo, y se va así de golpe. Nunca se sabe con las mujeres.

– No – dijo Petrone –. Nunca se sabe.

En la calle se sintió mareado, con un mareo que no era físico. Tragando un café amargo empezó a darle vueltas al asunto, olvidándose del negocio, indiferente al espléndido sol. Él tenía la culpa de que esa mujer se fuera del hotel, enloquecida de miedo, de vergüenza o de rabia. *Llevaba aquí mucho tiempo* . . . Era una enferma, tal vez, pero inofensiva. No era ella sino él quien hubiera debido irse del Cervantes. Tenía el deber de hablarle, de excusarse y pedirle que se quedara, jurándole discreción. Dio unos pasos de vuelta y a mitad del camino se paró. Tenía miedo de hacer un papelón,[16] de que la mujer reaccionara de alguna manera insospechada. Ya era hora de encontrarse con los dos socios y no quería tenerlos esperando. Bueno, que se embromara.[17] No era más que una histérica, ya encontraría otro hotel donde cuidar a su hijo imaginario.

*

Pero a la noche volvió a sentirse mal, y el silencio de la habitación le pareció todavía más espeso. Al entrar al hotel no había podido dejar de ver el tablero de las llaves, donde faltaba ya la de la pieza de al lado. Cambió unas palabras con el empleado, que esperaba bostezando la hora de irse,

cases by the lift. The manager, it seemed to Petrone, looked disconcerted.

'Did you sleep well last night?' he asked in a business-like tone which hardly disguised his indifference. Petrone shrugged. He did not feel like making a fuss now that he had to spend scarcely one more night in the hotel.

'At any rate you will have more peace now,' said the manager looking at the cases. 'The lady is leaving us at noon.'

He paused for some comment and Petrone's eyes expressed encouragement.

'She's been here a long time and now she's going – just like that. You never know with women.'

'No,' said Petrone. 'You never know.'

In the street he felt faint, but it was not a physical faintness. Gulping a cup of bitter coffee he began to turn the matter over in his mind forgetting about his business deal, indifferent to the glorious sunshine. It was his fault that the woman was leaving the hotel, crazy with fear, or shame, or rage. *She's been here a long time* . . . She was a sick woman perhaps, but harmless. Not she, but he himself should have been the one to leave the Hotel Cervantes. It was his duty to speak to her, to beg her pardon and ask her to stay, swearing he would keep her secret. He started to walk back and halfway there he stopped. He was afraid of looking foolish, afraid that the woman might react in some unforeseen way. It was high time he went to meet the two business partners and he did not wish to keep them waiting. Very well then, let her get on with it. She was just a hysterical female, she would no doubt find another hotel where she could look after her imaginary child.

*

That night, however, he felt unwell again and the silence in the room seemed even more intense. On entering the hotel he could not help seeing the key-rack where the one of the room next to his was already missing. He exchanged a few words with the porter who waited, yawning, for it to be time to go off,

y entró en su pieza con poca esperanza de poder dormir. Tenía los diarios de la tarde y una novela policial. Se entretuvo arreglando sus valijas, ordenando sus papeles. Hacía calor, y abrió de par en par la pequeña ventana. La cama estaba bien tendida, pero la encontró incómoda y dura. Por fin tenía todo el silencio necesario para dormir a pierna suelta, y le pesaba. Dando vueltas y vueltas, se sintió como vencido por ese silencio que había reclamado con astucia, y que le devolvían entero y vengativo. Irónicamente pensó que extrañaba el llanto del niño, que esa calma perfecta no le bastaba para dormir y todavía menos para estar despierto. Extrañaba el llanto del niño y cuando mucho más tarde lo oyó, débil pero inconfundible a través de la puerta condenada, por encima del miedo, por encima de la fuga en plena noche supo que estaba bien y que la mujer no había mentido, no se había mentido al arrullar al niño, al querer que el niño se callara para que ellos pudieran dormirse.

and went into his room with little hope of being able to sleep. He had the evening papers and a detective story. He passed the time packing his bags and sorting out his documents. It was hot and he threw the small window wide open. The bed had been made up properly, but he found it uncomfortable and hard. At last he had all the silence he needed to sleep soundly and it weighed on him. Tossing and turning, he felt as though defeated by this silence which he had clamoured for with guile and which they were throwing back at him, whole and vindictive. Ironically, he thought he missed the child's crying, that this perfect calm was not good enough to sleep in, let alone to be awake in. He missed the child's crying; and when, much later, he heard it, feeble but unmistakable through the disused door, he knew, despite the fear and the thought of fleeing in the dead of night, that things were as they should be and that the woman had deceived no one, that she had not deluded herself when she soothed the child, wanting him to be quiet so that the two of them could get some sleep.

Notes on Spanish Texts

AFTER THE PROCESSION (*Edwards*)

1. lit., 'the fat one'. Children are often called *gorda* or *gordo*. This is not in the least offensive, but rather the equivalent of 'bonnie' as in 'a bonnie baby'.

2. Made of the fine, silky wool of the *vicuña*, a small mountain animal of the Andes, related to the llama, which looks rather like a shaggy gazelle. Lately there has been a campaign to stop the hunting of *vicuña* since it is in danger of extinction.

3. Adults often use the formal address (*Vd.*, *le* or *la* instead of *tu*, *te*) when reprimanding children. Not to be confused with the use of this form as mark of respect by servants and dependents when speaking to the children of their masters. See note 12 to Vargas Llosa's *Amalia*.

4. Usually, but not necessarily, used for storing wine.

5. *invocación*: used particularly in dealings with the supernatural, devils, evil spirits, etc.

6. In Spain the word is *manzana*.

7. From *llevar en andas*, the *andas* being two parallel bars with a loose board on them for carrying statues in processions. In Spain, the whole float is referred to as *paso*.

8. In keeping with the times, domestics are referred to as employees, but in most Spanish-speaking countries maids are still called *criadas* or *muchachas* (Spain), *mucamas* (Arg., etc.).

9. lit., 'Why are you interfering?'

10. N.B.: the plural of *celo*, *celos*, means 'jealousy'. When applied to animals, *en celo* means 'in heat'.

11. *niños*: small children, also small boys; small girls are *niñas*; the same goes for *chicos*, older children, boys; girls are *chicas*. Here it is impossible to say whether there are any small girls in the group, so the translation is 'children'. Further along, the *tres niños* are obviously boys, since a few lines down they are called *muchachos*, boys.

12. Contraction of *¿Qué hubo?*. In Spain, it is more usual to use the present tense *¿Qué hay?*.

13. lit., 'fighting', particularly in bull-fighting; implies guile and cunning.

14. When the owner of the land charges half the produce in lieu of rent.

15. *chacra*: Latin American word for small farm, hence *chacras*, fields, when near cities, for market gardening.

16. *hija*: lit., 'daughter', but often used in the same way as 'son' is used in English to mean simply 'boy'.

17. lit., 'priests have a red nose', on the principle that each has but one. The same applies to 'they wore Cordobese hats', *llevaban sombrero cordobés*; but 'they wore leather boots' (presumably two each) is *llevaban botas de cuero*.

18. *roto*: lit., 'broken'. Familiar Spanish American word for no good, useless, tiresome.

19. lit., 'rattle' (Arg.). In Spain, the usual word for chatterbox is *cotorra*, a species of small parrot.

20. lit., 'leaden'; *pesado*, lit. 'heavy', is 'boring'; hence *plomo*, 'lead', 'extra-boring'.

AMALIA (*Vargas Llosa*)

1. *mirar por gusto* and, later in this story, *amargarse la vida por gusto*: lit., 'for the pleasure of it', hence 'pointlessly'.

2. lit., 'to crush, masticate'; hence coll., 'to study hard, swot'.

3. Slang.

4. Latin American idiom: 'like a mother'; i.e. 'good, nice, kind'.

5. Though the literal translation is 'beastly', the meaning is 'super', 'great', 'tremendous'.

6. lit., 'watered down'; hence 'spoilt'; *un aguafiestas*: 'a spoilsport'.

7. *gente* ('people') is of course plural, but *qué buena gente es* (coll.), applies to one person.

8. Idiom, lit., 'break the soul' as in *romperse el brazo*, 'to break one's arm'.

9. Coll. Latin American expression not used in Spain.

10. Coll., 'folly', 'extravagance'.

11. lit., 'it had cost him a trump card'.

12. Though the butler calls the son of the house '*niño*' ('boy', 'child'), this is a term of respect: he addresses him as '*Vd*', as shown in his words '*su amigo*' (not '*tù amigo*').

13. From *a duo*, 'as a pair'; Peruvian slang for 'close friends', 'pals'.

14. *calzones* are trousers or underpants; the ending -*azo* indicates large size; so *calzonazos* means 'large pants'. Hence, coll., 'too small for his pants', 'a weak, soft fellow'.

15. Half-breed Indian, usually of a low social class.

16. Ambiguous in this case, since *hacer el indio* means 'to act rough', 'to play up'.

17. Coll., 'to play cards or poker-dice', usually for money.

18. Slang; the correct expression would be *despedido*.

19. The prefix re- means 'very' or 'extra'; *tinto*, 'dark', as in *vino tinto*.

20. *requintándola*: Peruvian expression: to demand more than one is due; while under Spanish domination, everyone living in the colonies had to pay one fifth of their income in tribute to the

Spanish crown, but the Indians of Peru had to pay an additional fifth, a tribute known as *requinto*.

21. An alkaloid obtained from the bark and leaves of a West African tree, the yohimbé.

22. *chapar*: slang, 'to catch, find out'.

23. The APRA is the Peruvian populist party.

24. Taxis pick up people waiting at taxi ranks who are going in the same direction as the first passenger on board.

25. lit., 'weathercock'; fig., 'changeable person'.

26. Peruvian Indian word meaning 'girl'. Used by establishment Peruvians, even those with Indian blood, to describe a low-class Indian or half-caste girl.

27. Slang; lit., a sweet biscuit which crumbles easily.

28. Slang.

29. lit., 'material, fabric, stuff'; used to signify that there are bales of something about, i.e. 'run-of-the-mill, boring'.

30. Slang; lit., to 'lose weight'.

31. lit., 'resolutely', 'without dallying'.

32. Straight transliteration of the word 'jumper'. In Spain, the word *jersey* is used, pronounced with a Spanish 'j' and the stress on the second syllable.

33. *charol* is lacquer, also patent leather. In Spain, the usual word for tray, lacquered or not, is *bandeja*.

34. In Spain, the more usual word is *tonta*.

35. 'Splendid, lovely'; a trendy word, just as 'divine' used to be a smart, U expression.

36. lit., 'to grab'. N.B. In Spain, 'to take' is *coger* but in many parts of Latin America this is also crude slang for 'making love' and studiously avoided, *tomar*, *agarrar*, *conseguir*, etc. being used instead.

37. An 'evergreen' most popular in the forties and fifties, the world over; similar to 'Perfidia', and 'Night and Day'.

38. *Una plancha* – a *faux pas*; hence *planchar*, 'to make a *faux pas*' (also, of course 'to iron').

39. lit., 'a scaly or shell-covered creature'; fig., someone who is cunning: *tiene más conchas que un galapago* – 'he's a cunning bastard'.

40. lit., 'spoke into his ear'.

41. *Calato*, 'stark naked', stronger than *desnudo*, 'naked'; commonly used in Latin America but very unusual in Spain.

42. Slang; lit., 'paddling', as in 'paddling a boat'.

43. *Un papel*, 'a role'; hence *jugar el papel de tonto*, 'to look foolish'; hence *papelón*.

44. *Chancho* – 'pig'; more commonly used in Latin American than in Spain. Hence *chanchada*, 'dirty trick'.

45. *sapo*, lit., 'toad', or *sapa*, used figuratively to describe someone too shy to come out into the open with something.
46. *La hora del aperitivo*, 'drinks time': late afternoon, early evening. Hence *la hora del vermouth*, *la vermouth*: the late afternoon, early evening session in cinemas and theatres.

THE THUNDERBOX (*Onetti*)

1. lit., *un gargajero* is 'a spittoon'; but the General's good lady uses the word as a rather uncommon euphemism for 'lavatory', and at one point refers to the activity pursued therein as 'expectoration'.
2. lit., 'owl'.
3. lit., *jaspe* is 'jasper'. *Una monada*, 'a pretty thing, sweet, cute' describes appearance and/or temper, usually of babies, young girls, objects, etc. The adjective is *mono*.
4. Herbal tea brewed in a usually decorated small gourd and sipped through a silver tube or reed tipped with silver.
5. *rosedal* in Argentina/Uruguay is *rosaleda* in Spain.
6. Also housework, knitting, etc. On official forms, where in English one would put, for profession: 'Housewife', the Spanish would be *Sus labores*.
7. Idiom; *echar una cana al aire*, 'to cut loose', 'to have a bit of fun'.

THE COST OF LIVING (*Carlos Fuentes*)

1. Incorrect. Should be *haya*. Spanish conjugation can be as confusing for uneducated locals as for foreign students.
2. In Mexico City, bus drivers are supposed to stop at certain street corners, but tend rather to do so wherever they please; as a result, people often walk backwards to where the stop is, so that they can see the bus coming and get on wherever the driver chooses to stop.
3. *camión*: 'bus' in Mexico, 'lorry, truck' elsewhere.
4. *chamarra*: more often than not a wind-cheater, but can be any short jacket.
5. Mexican idiom. Alternatively, one might say '*estoy al llegar*', '*ahora llego*', etc.
6. Very resinous pine-wood, used in the country to make torches.
7. Idiom. Quite common in Mexico, archaic in Spain; lit., *ponerse moños*: 'to do up one's hair in buns'.
8. Slang.
9. Slang.
10. Short for 'Salvador'.
11. Mexican slang. Also used in Cuba and some other places.

12. Mexican; lit., 'twin'.
13. Avenida 20 de Noviembre. Named after the day on which the Mexican Revolution of 1910 began.
14. Spanish idiom; has dropped out of use in Spain, where it would be more usual to say '*Si serán frescos . . .*', etc.
15. In Mexico, *tomates* are a small, green variety with a very distinct flavour; *jitomates* are the ordinary red ones.
16. lit., 'a stall'.
17. *merolico*: 'pedlar', particularly on fairgrounds and markets. Also used figuratively for one who talks a lot, blows his own trumpet.
18. *Tacos* are Mexican maize pancakes. *Guacamole* is a spicy sauce of minced avocadoes and tomatoes.
19. Slang.
20. A small neighbourhood shop selling mainly groceries.
21. Foreigners, specially Americans.
22. Slang.
23. *D.M.*: short for *Desmadre* – slang, lit., 'motherless'; very common Mexican all-purpose expression for anything or anyone in disorder and confusion. In this case *el Desmadre* is obviously the man's nickname – 'the ultimate creator of havoc'.
24. Slang.

CAPITÁN DESCALZO (*Norberto Fuentes*)

1. lit., 'Captain Barefoot'. The name, presumably a nickname; the rank probably genuine enough: an illiterate peasant could easily rise to the rank of captain in the revolutionary army fighting with Fidel Castro against Batista, the Cuban dictator overthrown in 1959.
2. *La manigua* – specifically Cuban: dense thickets of shrubs. The ending *-azo*, like the ending *-zón*, emphasizes size, density, etc.
3. A more usual word would be *senda*.
4. *Asombro*, 'amazement'; *estar asombrado*, 'to be amazed'; *asombrar*, 'to amaze or to startle'; but *asombrarse*, 'to feign amazement or to seem amazed'.

SHARE AND SHARE ALIKE (*Norberto Fuentes*)

1. lit., 'Like good brothers', Spanish idiom.
2. lit., 'escorted by armed guards'.
3. N.B.: *dar palmadas*, 'to clap one's hands'; *dar de palmadas*, to tap someone on the back, or shoulder (with the palm of one's hand).
4. *Pelusa*, 'fluff'; hence *despelusado*, 'with the nap or the pile worn off'.
5. lit., 'survived'.

6. Used either when someone stops being absentminded and notices what's going on or else when someone finally understands something which seemed complicated.
7. In the early sixties there were still groups of anti-Castro guerrillas, most of them old-fashioned bandits, roaming the sierra.
8. An American tree whose seeds are covered with fibres similar to cotton, used as stuffing in cushions. *Mocho*, 'cropped or stunted'; *una vaca mocha*, 'a cow without horns'.
9. lit., 'two steps away'; used as loosely as we use 'two minutes'.
10. *Viejo* and *vieja* are used in Latin America for 'mum' and 'dad', even though they may not be old; as in 'the old man' for 'father'.

BALTHAZAR'S MARVELLOUS AFTERNOON (*García Márquez*)

1. American bird similar to the Golden Oriole, i.e. yellow, with black feathers on wings and tail.
2. lit., 'stuffed' (with wool, down, etc.) as in mattresses, etc.
3. Coll., 'equipment', when used in the plural. Sing., lit., 'harness' or 'armour'.

THE DISUSED DOOR (*Cortázar*)

1. Uruguay lies to the east of the river of the same name and is commonly referred to as the 'República Oriental'; the national anthem includes the words '*Orientales, la patria o la tumba*'; the inhabitants are therefore *orientales*.
2. lit., 'a small glass'. ('*Vamos a tomar una copa/copita*' – 'Let's go and have a drink'.)
3. Pocitos, a pleasure resort and residential suburb of Montevideo built along a beach.
4. Avenida 18 de Julio, the broad, tree-lined main street of Montevideo leading off the Plaza Independencia.
5. Cheap eating house. In Spain such a place would be a *tasca*.
6. Strictly speaking this is incorrect, but commonly used in Argentina to signify 'return', 'go back', though the correct verb is *volver*, and *volverse* means 'turn round'.
7. Cigarettes of *tabaco negro* – black, preferably Cuban tobacco, not Virginia, which is *rubio*.
8. In Spain, *ropa de cama* refers to sheets, blankets being *mantas*; Elsewhere it is used for blankets also.
9. lit., 'took leave of one another'.
10. Usually, *sentarse* is used for sitting *down* and a more correct verb for sitting *up* would be *incorporarse*.
11. Argentinian expression, which would not readily be understood in

Spain but has spread in Latin America; *me macaneó* – 'he pulled my leg'; *no macanees* – 'don't be ridiculous'.

12. *pavadas* – *tonterías*, i.e. 'silly things, nonsense': Argentinian expression.

13. *Recién cuando*, 'just as'; *recién vine*, 'I've just come'. Colloquial, not used in Spain, but common in Latin America.

14. *trucado*, lit., 'tampered with', comes from *truco*. *'Hay truco'* – 'there's a catch to it'.

15. lit., 'between (two) slumbers'. N.B. *'tiene sueño'* – 'he is sleepy'; *'está soñando'* – 'he is dreaming', since *sueño* means 'dream'.

16. Familiar Argentine expression, from *papel*, 'role, part'. *'Hacer papel de tonto'* – 'act foolishly'.

17. Latin American use of the verb, equivalent of *fastidiarse*.

READ MORE IN PENGUIN

In every corner of the world, on every subject under the sun, Penguin represents quality and variety – the very best in publishing today.

For complete information about books available from Penguin – including Puffins, Penguin Classics and Arkana – and how to order them, write to us at the appropriate address below. Please note that for copyright reasons the selection of books varies from country to country.

In the United Kingdom: Please write to *Dept. EP, Penguin Books Ltd, Bath Road, Harmondsworth, West Drayton, Middlesex UB7 ODA*

In the United States: Please write to *Consumer Sales, Penguin USA, P.O. Box 999, Dept. 17109, Bergenfield, New Jersey 07621-0120*. VISA and MasterCard holders call 1-800-253-6476 to order Penguin titles

In Canada: Please write to *Penguin Books Canada Ltd, 10 Alcorn Avenue, Suite 300, Toronto, Ontario M4V 3B2*

In Australia: Please write to *Penguin Books Australia Ltd, P.O. Box 257, Ringwood, Victoria 3134*

In New Zealand: Please write to *Penguin Books (NZ) Ltd, Private Bag 102902, North Shore Mail Centre, Auckland 10*

In India: Please write to *Penguin Books India Pvt Ltd, 706 Eros Apartments, 56 Nehru Place, New Delhi 110 019*

In the Netherlands: Please write to *Penguin Books Netherlands bv, Postbus 3507, NL-1001 AH Amsterdam*

In Germany: Please write to *Penguin Books Deutschland GmbH, Metzlerstrasse 26, 60594 Frankfurt am Main*

In Spain: Please write to *Penguin Books S. A., Bravo Murillo 19, 1° B, 28015 Madrid*

In Italy: Please write to *Penguin Italia s.r.l., Via Felice Casati 20, I–20124 Milano*

In France: Please write to *Penguin France S. A., 17 rue Lejeune, F–31000 Toulouse*

In Japan: Please write to *Penguin Books Japan, Ishikiribashi Building, 2–5–4, Suido, Bunkyo-ku, Tokyo 112*

In South Africa: Please write to *Longman Penguin Southern Africa (Pty) Ltd, Private Bag X08, Bertsham 2013*